KB253811

후진국의 발전을
가로막고 있는
숨은 이유들

방글라데시의 저발전에 관한 사회 문화적 연구

후진국의 발전을
가로막고 있는
숨은 이유들

제3세계의 대표적 빈곤 국가의 하나인 방글라데시는 오랜 세월 절대적 빈곤
을 겪고 있으며, 영국 식민지로서 대표적인 수탈을 당했고 카스트라는 철저
한 계급 제도에 매여 살았던 역사를 안고 있는 나라이다.

권 병 희

이 책은 서울대학교 농업교육학과, 농촌사회교육 전공에서 박사 학위 논문으로 쓴 것이다. 이 논문을 쓴 지 벌써 7년 반이 지났다. 그동안 방글라데시도 많은 변화를 했다. 필자의 눈에 두드러져 보이는 것은 외국 원조가 대폭 줄어들었다는 것과 대형 엔지오(NGO)들이 엔지오에서 일반 기업으로 옷을 갈아입었다는 것이다. 농민들을 상대로 소액대부사업(마이크로 크레딧)하던 단체들이 은행으로 변신을 했고, 수공예품을 만들게 하던 단체들이 백화점 경영으로 변신을 했다. 이동 전화 회사를 운영하기도 하고 우유 회사와 사료 회사를 경영하기도 한다.

그렇게라도 변신해서 자리잡고 성공을 했으면 좋겠다. 더 많은 사람들에게 일자리를 주고 국가를 지탱하는 버팀목이 되었으면 좋겠다. 어떤 경로를 통해서 되었든 자본 축적이 되었다는 것은 기대되는 일이다. 그러나 염려되는 것은 외국에서 거저 받아서 풍족하게 누리고 쓰던 조직이 살벌한 경쟁사회에서 성과를 내고 생존할 수 있을까 하는 점이다.

그러나 정말로 방글라데시를 눈에 띄게 변화시킨 것은 섬유산업과 외국에 나간 근로자들에서 나오는 돈일 것이다. 심지어 방글라데시 여성을 집 울타리 밖으로 이끌어 낸 것은 봉제산업이라는 평가가 나오기도 했다. 수도 다까의 도심은 몰라보게 바뀌고 있다. 국제공항도 널찍하게 고쳤고 시내에는 고층빌딩도 많이 생겼으며, 대형 슈퍼마켓들도 들어섰다.

그러나 이런 변화가 어디까지 갈까 하는 의문은 여전히 걱정으로 남는다. 시골은 10년 전이나 지금이나 다를 것이 없고, 학교도 그 모습 그대로 머물러 있다. 파업은 오히려 더 심화되는 듯하고 심지어는 전국적인 테러까지 일어나고 있다. 섬유산업에 종사하는 사람들은 늘 미국이 방글라데시 제품에 대해 앞으로 몇 년간 더 특혜를 연장해줄까 하는 생각에 초조해하며, 2년을 더 갈까 3년을 더 갈 수 있을까 저울질하고 있다. 방글라데시에서 섬유산업이 설 땅을 잃으면 방글라데시는 그대로 곤두박질할 가능성이 커 보인다. 왜냐하면 아직도 아무도 정신을 차리지 못하고 있는 것 같아 보이기 때문이다.

필자는 사회과학적 연구방법에 서툴다. 질적 연구방법에도 서툴다. 그런 모범을 찾는 연구자에게는 이 책이 아무런 도움이 되지 않을 것이다. 이 연구의 출발은 방글라데시라는 저개발 국가에 대한 관심이고, 마지막은 그 많은 원조와 개발 노력에도 불구하고 발전이 되지 않고 있는 이유를 찾고자 하는 데 있었다. 필자의 관심은 학문적 접근이 아니라 실제 해결에 있었다. 그래서 석사과정을 마치고 바로 현장으로 갔었다. 방글라데시에서도 가장 낙후된 곳이라 불리는 시골에서 첫 5년 반을 농촌 개발 사업을 하면서 보냈다.

후진국의 가난과 식량 문제를 정말로 풀고 싶었다. 처음에는 농업 기술을 가르치면 된다고 생각해서 대학과 대학원에서 농학을 공부했었다. 그러나 현장에서 확인한 것은 기술이나 시설, 자본이 부족한 것보다 더 문제되는 것은 그들의 생각이라는 점이었다. 그래서 기술 교육은 현지 선생님에게 맡기고 청년들의 정신 교육에 혼신을 힘을 쏟았다. 전화는 물론 전기도 없는 곳에서 신혼을 보내고 첫 아들을 얻었다. 그리고 그 땅의 젊은이들에게서 희망을 보았고 문제 해결에 대한 확신을 얻었다.

그런 노력과 경험을 귀하게 보신 정지웅 교수님의 초청으로 농업교육학과에서 농촌사회교육 전공으로 박사 과정을 하게 되었다. 농학이라는 자연과학에 익숙해 있던 필자에게 교육학과 사회학을 새롭게 받아들이는 것은 매우 벅찬 일이었다. 그래도 교수님들의 격려와 동료들의 도움으로 학위과정을 수료하고는 다시 방글라데시로 돌아가서 두 번째 프로젝트를 개척했다.

여전히 농촌 지역이었지만 이번에는 수도권 가까운 곳으로 장소를 옮겨서 터를 잡고 장차 그 사회를 끌어갈 대학생들을 대상으로 교육을 할 목표를 세웠다. 2년의 시간을 들여 그 기초 작업을 해 놓고 사정에 의해 그 땅을 떠나게 되었다. 그러고서 이 논문을 쓰게 되었다. 그러므로 이 논문은 교육학이나 사회학 어느 쪽에서 보아도 허술하기 짝이 없는 골격을 하고 있다고 스스로 생각한다. 필자가 일했던 경험을 살려서 논문 쓸 길을 찾던 중에 만난 질적 연구라는 방법은 구세주나 다름없었다. 그러나 질적 연구 또한 필자에서 어색하고 낯설기는 마찬가지다.

논문을 마치고 나서도 모양이 부끄러워 어디에 내밀지 못했지만, 현장에서 문제와 해결책을 찾기 위해 여러 해 동안 애쓴 것에 값진 무엇인가가 있을 것이라고 평가해 주신 교수님들의 격려에 힘을 얻을 뿐이다. 이번에 (주)한국학술정보로부터 출판 제안을 받았을 때 주저하는 마음에서 오랫동안 대답을 안 했었다.

그러나 방글라데시를 비롯해서 아직도 가난에 허덕이고 있는 나라들을 다녀보거나 그런 나라에서 일하는 분들과의 교류를 통해서 필자가 확신하는 것은 이 논문에서 제시한 것과 같은 사회 문화적인 문제를 해결하지 않는 한 결코 발전의 길로 들어설 수 없다는 것이다. 필자가 이 논문에서 제시한 사회 문화적인 요인은 그들이 안에 품고 있는 문제들 가운데 필자의 눈에 띈 일부에 지나지 않을 것이다. 그러나 어떻게 하든 그런 문제들을 풀려고 사회 지도층이나 외국의 협력자들이 관심을 모으지 않는 한 그들의 발전은 아직도 까마득한 일이라고 본다.

지금 후진국의 몇몇 깨인 지도자들은 한국의 발전 비결을 배우려고 애를 쓰고 있다. 우리가 그들에게 제시하는 것들은 박정희 대통령의 산업화 정책과 새마을 운동, 그리고 우리의 교육 성과에 머물러 있다. 그러나 필자는 그 이전 단계로, 잠자던 우리를 깨우쳤던 개화기 선각자들의 노력이 이 모든 성공의 기초가 되었다고 생각한다.

아무리 박정희 같은 사람이 있어도 지금의 방글라데시 사람들을 데리고는 한국에서 거둔 성과를 얻을 수 없을 것이다. 그들을 교육시키거나 새마을 운동을 일으키는 것도 불가능할 것이다. ‘나는 비록 못 배웠고 가진 것이 없지만 우리 자식은 가르쳐서 우리의 가난을 대물림하지 않겠다'고 이를 악물고 살아오신 우리 부모님 세대와 같은 사람들이 나오기 전까지 후진국은 발전의 길로 다가서기 어려울 것이다.

이러한 생각으로 부끄러움을 무릅쓰고 논문의 출판을 결심했다. 학문적인 업적으로 보지 말고 후진국들이 발전하지 못하고 있는 것에 대한 새로운 시각이라고 보고 읽히기를 바라는 마음이다. 지구상의 3분의 2는 아직도 이런 대책 없는 가난에 갇혀 있다. 이들을 위해 우리가 한 실마리라도 풀어주었으면 하는 간절한 마음이다.

이 논문을 쓰기까지 많은 분들의 도움이 있었다. 학위과정을 할 기회를 열어주셨고 또 마칠 때까지, 아니 지금까지 꾸준히 격려해 주신 정지웅 교수님께는 감사를 표현할 말이 없다. 세세하게 논문을 지도해 주신 김선요 교수님과 귀한 가르침을 주신 김성수 교수님, 최영찬 교수님께도 감사를 드리고, 논문을 마무리하는 데 큰 도움을 주신 이성우 교수님과 여상일 선생님께는 특별한 감사를 드린다. 이 논문이 이루어지기까지에는 사랑하는 많은 방글라데시 친구들의 도움과 조언이 있었다. 그들 모두에게 감사를 드린다.

멀리 떨어져 있는 동안 늘 연락하고 도움을 준 임형백 박사와 고운미 박사, 그리고 여러 대학원 친구들에게도 감사를 드린다. 학위과정을 하는 동안 장학금을 주신 주심장학재단과 주님의교회에 깊은 감사를 드린다. 또한 늘 뒤에서 돌봐주신 박철규 선생님께 감사의 마음을 전하고 싶다.

아들, 딸을 멀리 보내 놓고 섭섭해 하시는 어머님, 장모님과 이

기쁨을 나누고 싶다. 늘 격려하고 뒷바라지한 아내에게도 같은 기쁨을 나누고자 한다. 그리고 나의 주인 되시며 여기까지 인도해 오신 하나님께 이 영광을 다 돌려드리고, 그분의 사역에 이 논문과 내 삶이 쓰임 받기를 바랄 뿐이다.

2008년 8월

권 병 희

차 례

CONTENTS

I.

서 론

1. 문제의 제기

"일부 미국계 학자들 가운데는 제3세계의 빈곤 문제가 간단한 처방에 의해 간단히 해결될 수 있을 것으로 믿는 이들도 있다. 그러나 이 문제는 간단히 해결될 수 있는 문제가 아니라 문화와 역사, 경제와 사회 구조가 각기 다른 수많은 나라가 유일한 공통점으로 갖고 있는 문제이며, 이 빈곤을 퇴치하는 일은 그리 쉽지 않을 것이다. 즉, 제3세계의 빈곤 문제는 지극히 인간적인 문제이며 따라서 지구상에 존재하는 다양한 민족과 인간의 현재 또는 미래의 문제에 그렇게 쉽게 접근할 수 없다는 점이다."

"또한 선진국과 후진국 간의 문제는 국민총생산(GNP)의 성장 속도 차이에서 오는 시간차의 문제가 아니다. 이것은 제3세계를 구성하고 있는 많은 나라를 사람에 비유하자면 각국이 그 독특한 인격을 가진 개체로서, 이들 국가는 진보에 대하여 각기 다른 태도를 갖고 있다는 점이다. 따라서 현재의 후진국이 19세기에 선진국의 발전 과정과 동일한 과정을 되풀이할 수 없고 각국은 그 개성과 자원 등의 여건에 따라 각기 적절한 개발 정책을 모색하여야 할 것이다. 결국 경제 개발, 사회 발전, 정치 발전은 각국 구성원의 창조성에 달려 있으며 특히 그 사회 엘리트의 질적 수준과 양심에 달려 있다고 할 수 있다. 다시 말하지만 개발의 문제는 극히 인간적이고도 사회의 모든 요소가 복합적으로 작용하여 만들어 내는 종합적인 문제이다."(심상필, 1990: 6-8).

제3세계의 대표적 빈곤 국가의 하나인 방글라데시는 오랜 세월 절대적 빈곤을 겪고 있으며, 영국 식민지로서 대표적인 수탈을 당했고 카스트라는 철저한 계급 제도에 매여 살았던 역사를 안고 있는 나라이다. 이로 인해 방글라데시는 1993년을 기준으로 1인당 국민소득이 220달러로 태국의 10분의 1 수준, 우리나라의 35분의 1 수준에 불과하다.

또한, 1994년을 기준으로 영아 사망률은 91명으로, 태국보다 3.4배, 우리나라보다 11배나 높은 아이들이 한 살 이전에 죽어 가고 있음을 알 수 있다. 유아들의 50% 이상이 만성적인 영양실조를 겪고 있는 가운데, 5세 미만의 사망률이 매년 총 사망자 수의 약 절반에 이르고 있다. 또한, 전 인구의 약 1/3만이 1차 의료 서비스를 받을 수 있으며 전반적인 보건 의료 실태는 대단히 저조한 실정이다. 더구나 빈부격차가 매우 심각하여 상위 5% 이내의 사람들이 소득의 80% 이상을 차지하고 있어서 국민 대다수가 절대적인 가난에 시달리고 있다. 이와 같이 방글라데시의 빈곤 상황은 매우 심각한 실정이며 장래에 비극적인 기아문제가 발생할 가능성이 매우 높다고 생각된다.

이런 이유로 그 동안 방글라데시의 저발전*에 대해 국제적으로 관심이 집중되어 다양한 경제적 지원과 연구가 이루어졌으나, 방글

---

* 저발전(低發展) : 영어의 underdevelopment에 대응하는 용어로 '저개발'이라는 용어가 주는 미개한 듯한 느낌이나 어떤 사업에 국한된 듯한 의미를 벗어나서 사회 경제적인 전반에 걸쳐 발전이 되지 않는 상황을 나타내기 위해 선택하였다.

라데시의 저발전은 해결의 기미가 보이지 않고 있다. 선진국이 방글라데시에 지원하는 원조는 다른 나라보다도 그 규모가 커서 인구가 거의 열 배나 되는 인도에 지원되는 것과 거의 같은 액수이다(<표 3-2> 102쪽 참조). 또한 많은 국제적 엔지오(NGO; Non-Governmental Organization; 비정부기구)들이 구호 사업에서부터 교육, 도로 건설, 의료 및 보건, 기술 도입, 최신 장비 지원 및 자금 지원과 같이 다양한 활동을 실시하였다. 그에 따라 다양한 개발 이론과 연구도 병행되었음을 알 수 있다.

그런데도 왜 방글라데시는 여전히 저발전 상태에 머물며 가난을 벗어나지 못하고 있는가, 왜 가난은 오히려 더 심각해져 가고 인심이 황폐해져 가는 것인가, 그 많은 단체가 그 많은 재정을 쏟아 붇고, 선진국의 수많은 학자들이 조사를 하고 자문을 하는데도 왜 발전의 실마리가 보이지 않는 것인가 하는 점이 방글라데시의 저발전에 관심을 가진 사람들이 당면한 문제점이다.

2. 연구의 목적과 내용

방글라데시의 저발전을 설명하는 요인이 이미 다소 제시되었음에도 불구하고 여전히 발전이 이루어지지 않고 있는 점에 본 연구의 착안이 이루어졌다. 즉, 기존의 방글라데시 저발전에 대한 접근 방식이나 이론에 어떤 맹점이 있지는 않는지, 저발전의 원인에 대한 이해에 누락된 부분이 있지는 않은지에 연구자의 관심이 모아졌다.

이 점은 방글라데시의 환경이 농업 발전에 아주 적합한 데에도 불구하고 농업이 발전되지 않은 상황과, 다양한 개발 활동이 이루어져 왔음에도 불구하고 별다른 성과가 없는 것을 보게 되었기 때문이다. 따라서 방글라데시의 발전을 저해하는 숨은 원인이 있을 것이라는 가정을 하게 된 것이다.

그런데 발전을 저해하는 원인은 여러 가지가 있을 수 있고, 그 원인들 가운데 중요한 것들은 지금까지의 연구에 의해 거의 밝혀졌다고 생각된다. 따라서 지금 상황에서 중요한 것은 방글라데시의 발전을 저해하는 원인 중 밝혀지지 않은 원인을 규명하는 것이다.

따라서 이런 점들을 고려하여 본 연구의 목적은, 방글라데시의 발전을 저해하는 내재 요인들을 찾아내고자 하였다. 즉, 기존의 방글라데시의 저발전의 원인으로 지적되어 온 자연재해, 사회구조, 경제적 요인과는 별도로 방글라데시의 저발전 요인을 새로운 측면에서 찾고자 하였다. 방글라데시의 저발전을 가장 적절하게 설명할 수 있는 요인을 찾게 되면, 이런 요인을 바탕으로 방글라데시의 저발전을 해소할 수 있는 방안도 제시될 수 있어 방글라데시의 저발전 해소에 도움이 될 수 있을 것으로 기대된다.

이런 측면에서 본 연구는 방글라데시의 저발전 요인을 새롭게 규명하여 방글라데시의 저발전 해소에 일조할 수 있을 것이므로 학문적 측면이나 국제 관계의 측면에서 의의나 기여하는 바가 있을 것으로 생각된다.

한편, 방글라데시의 저발전을 설명하는 기존의 요인들과는 별도로

본 연구에서 제시하는 요인들은 일견 대수롭지 않게 보일 수도 있을 것이다. 하지만, 방글라데시의 저발전에 절대적으로 장애를 일으키는 요인이 되는 것들일 것이다. 이러한 장애 요인, 다르게 표현하면 발전을 위해 꼭 필요하지만 결핍된 요인에 대한 개념은 식물학의 최소량의 법칙(the law of the minimum)으로 설명이 가능하다.

식물학에서 최소량의 법칙은 식물의 생장에 필요한 영양 성분에 관한 것으로 19세기 초 슈프링겔(Springel)에 의해 제창되었고, 리비히(Justus von Liebig)에 의해 작물 생산과 결부시켜 강조되었다(강영희·신영오, 1980: 169). 식물의 생장에는 질소(N), 인산(P), 칼륨(K)과 같은 원소들이 다량 필요하나 아주 미량이지만 나트륨(Na)이나 몰리브덴(Mo), 붕소(B) 같은 원소도 꼭 필요하다. 최소량의 법칙이란, 이러한 원소들 가운데 어느 한 가지라도, 그것이 비록 미량 원소일지라도, 결핍이 되면 다른 원소들이 아무리 많이 공급되더라도, 생장이 제대로 이루어지지 않는다는 것이다. 마치 물통의 어느 한 쪽에라도 구멍이 있으면 결국 물이 찰 수 없는 것과 같다.

근대화 과정에도 이와 비슷한 메커니즘이 작용한다고 볼 수 있다. <그림 1-1>에서 물이 차는 높이는 식물의 생장 정도를 나타내는데 이는 발전 정도로 표현이 가능할 것이다. 또한 Na, K, N, P, Mo, S는 충분히 공급된 상태로서 발전을 위해 충분히 공급된 요소로, B는 결핍된 상태로서 발전의 저해 요소로 표현할 수가 있다. 즉, 아무리 많은 자본과 혁신 기술을 투입해도 그것을 운영할 사람들이 사회 문화적인 면에서 어떤 요소가 결핍되어 있다면 결국 발전이라는 목표에 이르지 못할 것이다.

〈그림 1-1〉 최소량의 법칙

이처럼 방글라데시가 발전하기 위해서는 자본, 기술, 교육을 비롯하여 전기, 교통, 통신과 같은 기간산업 등이 우선적으로 필요할 것이다. 또한 선진국과의 종속관계도 있다면 단절해야 할 것이고 인구문제도 해결해야 할 것이며, 창의적이고, 합리적인 기업가도 필요할 것이다. 그러나 이러한 주요 요인들이 다 갖추어져도 무언가 없어서는 안 될 필수 요소가 빠져 있다면 방글라데시의 발전은 이루어질 수가 없을 것이라는 것이다.

따라서 연구의 목적을 다시 한 번 제시하자면, 방글라데시의 발전에 필요한 결핍된 필수 요소를 찾는 것이라고 볼 수 있는데, 아직까지 찾지 못한 것을 보면 그것은 쉽게 눈에 띄지 않고 숨어 있는 요소일 것이다. 따라서 사람들의 삶 속에 깊이 들어가서 오랫동안 주의 깊게 관찰해야 찾아낼 수 있을 것이다. 이러한 요인들은 양적 연구 방법에서는 소홀히 취급되거나 제외되는 경향이 있다. 왜냐하면 이것은 사람들의 속에 잠재되어 있어서 그들의 행동을 통제하는 기준이 되지만 통계적으로 쉽게 계량되지 않는 조건들이기 때문이다.

본 연구는 제삼자의 입장에서 관찰하면서 그들의 행동으로부터 이러한 요소들을 찾아내고, 그것이 어떻게 방글라데시의 발전을 가로막고 있는지를 살펴보고자 하였다. 그러기 위해서는 그들의 사고방식, 문화를 깊이 있게 알아야 할 것이다. 이것은 그들이 말하고 표현하며, 심지어 믿고 있는 바와 다르게, 그들의 내면에 잠재되어 있는 문제일 수 있기 때문이다.

3. 연구의 방법과 자료 수집

1) 연구의 방법

일반적으로 대부분의 사회과학 연구가 양적 연구방법을 통해서 이루어져 왔다고 해도 과언이 아니다. 그러나 수치로 나타낼 수 없는 문화나, 가치관, 행동 양식에 대한 검토는 그러한 방식으로는 검토할 수 없는 때가 있다. 그런데 이미 언급한 바와 같이 본 연구의 목적은 방글라데시의 저발전 문제를 심층적이고 총체적으로 이해하고 저발전의 원인 가운데 아직 알려지지 않은 요인을 찾아내고자 함이다. 따라서 발견의 맥락(강신택, 1996: 254)을 강조하는 질적 연구는 이러한 목적에 적합한 연구 방법을 제공하고 있다고 판단되어 본 연구는 참여 관찰과 심층 면접을 사용한 질적 연구 방법을 채택하게 되었다.[1]

여기서 질적 연구법 가운데 본 연구자가 이용한 참여 관찰, 심층 면접에 대해, 김경동(1986)과 최영희(1993)를 참조하여 간단하게 언급하여 보면, 다음과 같다.

① 우선, 참여 관찰이란 조사자가 현지에 들어가 장기간 그곳의 사람들과 함께 살면서 기회가 있을 때마다 되도록 많은 사회적 상황에 직접 참여하여 관찰하고 기록하는 것이다. 연구자가 직접 현장 구성원의 삶에 참여하면서 그들의 행위나 말뿐 아니라 참여자로서 자신이 경험한 것이나 느낀 것, 그리고 현장 구성원들과의 순간적인 대화 내용까지도 자료로 사용하는 것이다.

또한, 연구자는 활동에 참여하면서 동시에, 발생하는 사건을 기

---

1) 본 연구는 방글라데시 개발 협회의 농촌 개발 사업 책임자로서 사업을 수행하면서 다른 편으로 참여 관찰자가 되어 문제에 대한 해법을 찾는 노력으로 진행하였다. 1989년 11월부터 1999년 10월까지 10년에 걸쳐 진행되었는데 연구자가 방글라데시에서 체류하며 활동한 기간은 7년 정도이다. 이 기간 동안 방글라데시에서는 엔지오에서 활동한다는 것이 하나의 신원 보증이 되기 때문에 언제 어느 곳에서든 부담 없이 현지인들을 만날 수 있었다.

록, 분석하기 위하여 상황의 모든 측면을 의도적으로 그리고 집중적으로 관찰한다. 일상 참여자들이 보기에는 '쓸 데 없는 하찮은 일'까지도 관심을 두고 가능한 모든 정보를 받아들이려고 노력한다. 따라서 연구자는 일상적인 관찰자에 비해 훨씬 체계적이고 완전하게 관찰하며 관찰 사건에 대하여 더 많은 것을 발견해 낸다. 그리고 반복적인 관찰을 통하여 대표성과 객관성을 탐색함으로써 과학적인 참여 관찰이 되도록 노력한다.

참여 관찰을 하면 연구자도 그 문화 참여자처럼 그 문화를 경험하려고 노력하기 때문에 다른 방법으로는 불가능한 내부자적 관점을 파악할 수 있다는 장점이 있다. 또한 사람들과 좋은 대인관계를 맺으며 의사소통의 통로가 개방되므로, 인위적인 상황이 아닌 자연스럽게 일어난 상황에 대하여 상세한 자료를 얻을 수 있고, 사람들과 항상 함께 하므로 일반적인 방법으로는 놓치기 쉬운 많은 것들을 배울 수 있다.

한편, 참여의 종류에는 완전 관찰, 관찰자로서 참여, 참여자로서 관찰, 완전 참여가 있는데 본 연구는 완전 참여의 경우에 해당된다. 완전 참여는 연구자의 연구 활동을 완전히 숨기고 집단의 일원이 되어 본래의 구성원처럼 행동하므로, 연구 집단원의 행동이 연구자의 존재로 인해 영향을 받지 않으며, 내부자적 지식을 쉽게 얻을 수 있다는 장점이 있다.

② 심층 면접은 참여 관찰과 별도의 또 다른 중요한 자료 수집 기법으로 사람들과의 대화를 의미한다. 관찰을 아무리 잘 해도 일부 정보는 직접적으로 얻을 수가 없다. 과거에 일어났던 사건이나, 신

념 및 태도 등 생각하고 느끼는 것, 연구자를 참여시키지 않아 참여 관찰이 불가능한 행위와 사건들에 대해서는 이러한 면접을 통해 자료를 얻을 수밖에 없다.

심층 면접의 기본 목적도 연구 대상자의 관점을 파악하는 것이므로, 미리 마련한 조사표에 맞춰 일방적으로 질문을 하고 응답도 미리 마련한 응답지에 한정시켜 받아내는 방식으로는 곤란하다. 또한 심층 면접은 몇 개의 질문으로 간단히 끝나는 것이 아니고 제보자 한 사람당 몇 시간이 걸릴 정도로 폭넓고 깊이 있는 질문들을 해 나가는 면접 방법이다.

이것은 공식적 면접의 형태일 수도 있고 비공식적 면접의 형태일 수도 있다. 그러나 대부분 자연스럽게 문화 활동이 이루어지고 있는 상황에서 면접이 이루어지므로 비공식적인 면접이 더 많이 이용될 수밖에 없다. 참여자들과 의미 있는 문화 장면에 참여하면서 그때그때 자연스러운 대화를 통해서 진행되므로 '대화체의 면접' 또는 '목적 있는 대화'라고 하기도 한다.

비구조화된 심층 면접(unstructured interviewing)은 연구자가 깊이 캐어물을 수도 있으며, 새로운 단서들을 찾아내거나 문제의 새로운 차원을 열어주기도 한다. 또한 개인적인 경험에 입각한 생생하고 정확하며 포괄적인 얘기를 제보자로부터 들을 수도 있다는 장점이 있다.

질적 연구의 특성처럼, 본 연구는 어떤 이론이나 가설 또는 준거 틀을 가지고 시작한 것이 아니다.[2] 이런 상황은 참여 관찰 연구에서는 있을 수 있는 일일 뿐 아니라 선입관을 갖지 않고, 있는 상황

그대로를 관찰하여 문제를 분석한다는 면에서는 오히려 바람직하다고 하였다(최영희, 1993).

하지만, 제3세계의 발전론, 근대화론, 인간자본론, 종속이론 등은 저발전을 이해하는 데 도움이 될 것으로 판단되어[3] 이런 이론들을 종합적으로 준거틀로 삼아서 방글라데시의 저발전에 대한 총체적인 이해를 시도하였다. 종속이론을 통해서는 방글라데시의 식민지 역사와 그 결과로 파생된 가난에 대한 이해가 가능하였고, 제3세계 발전론을 통해서는 독립 이후 실시되었던 선진국들의 원조와 개발 사업에 대한 이해가 가능하였다. 그럼에도 불구하고 저발전 상황이 개선되지 않고 있는 것에 대해 숨은 이유를 찾는 데에는 근대화 이론과 인간자본론을 바탕으로 한 심층적 이해 노력이 필요하였다.

또한 한국의 근대화 과정도 중요한 준거 기준이 될 수 있었다. 물론 그 요인을 몇 가지로 구별해서 밝힐 수는 없지만, 적어도 방글라데시의 저발전의 현장을 살필 때 한국의 과거는 중요한 기준을 제시해 주었다. 이러한 행위는 어쩌면 과거 서구인들이 했던 오류를 답습하는 것으로 보일 수도 있지만, 한국은 서구와 다른 몇 가지 독특한 점이 있어서 방글라데시의 빈곤을 이해하는 준거로 사용하였으며, 그 이유를 요약하면 다음과 같다.

---

2) 그러나 질적 연구에서도 지금까지의 연구 결과를 검토하고 그 바탕 위에서 새로운 연구 결과가 나오는 것이 지극히 당연한 일이라고 판단된다.
3) 참여 관찰이 약 5년 동안 진행이 된 뒤, 학위과정을 하면서 제3세계의 발전론, 근대화론, 인간자본론, 종속이론 등을 학습하면서 그때에 이르러 관찰의 시각과 준거기준들을 갖추게 되었다.

첫째로 한국은 같은 아시아권에 속해 있으며 문화와 사고 방식이 비슷한 점이 많다는 것이고, 둘째는 가장 중요한 점인데, 한국은 방글라데시처럼 최근까지 가난했었다는 점이다. 그리고 그 가난을 이겨낸 경험이 아직도 기억에 생생하기 때문에 방글라데시의 가난에 대해서 조언을 할 수 있다는 점이다. 셋째로는 방글라데시처럼 한국도 식민지의 경험과 경제적 종속의 경험을 가지고 있다는 점이며, 넷째로는 한국도 전쟁의 경험과 쿠데타의 경험까지 방글라데시와 비슷하게 가지고 있다는 점이다. 다섯째는 한국도 방글라데시 못지않게 인구 밀도가 높으며, 경지 면적당 인구 밀도는 오히려 더 높다는 점이다.[4]

그러나 한국과 방글라데시는 여러 면에서 다른 점도 있으므로 일방적으로 비교하고 적용하는 것을 지양하고 방글라데시의 사회·문화적 맥락 속에서 접근하였다. 특히 종교가 다르고 역사적 배경도 다른 점이 많으므로 더욱 조심스럽게 연구를 진행하였다.

2) 자료 수집과 분석

방글라데시에 관한 자료는 현지에 도착할 때까지 거의 구한 것이

---

4) 이 밖에도 연구자 자신이 한국인이며, 어릴 때 60-70년대를 거치며 가난을 겪었고, 새마을 운동을 경험한 세대이기 때문에, 방글라데시 상황을 보면서 절대적으로 객관적이 될 수는 없을 것이다. 연구자와 연구자가 자라온 나라의 역사적, 문화적 배경은 방글라데시를 바라보는 일에 어쩔 수 없이 선입된 시각을 부여하기 때문이다.

없었고, 당시에는 사회과학적인 연구방법도 연구자에게 미비하였다. 다만 합리적인 사고방식과 판단력, 유전학적 분석력을 가지고 본 연구를 진행하였으며, 사회과학적 분석 방법을 어느 정도 습득한 후5), 2년 정도의 연구를 추가로 진행하였다.

본 연구에서 주로 사용한 현지 기록의 형태는 약식기록(메모), 정규·비정규 보고서, 기고문, 편지, 사진, 정신적 기록 등으로 이 중 특히 약식 기록을 많이 활용하였다. 지속적으로 메모지와 펜을 가지고 다니며 새롭게 관찰하고 느낀 것이나, 대화하는 가운데 새롭게 알게 된 사실들은 간단히 기록으로 남겼다.6) 이런 과정 이후 기록된 내용을 다시 정리, 보충하여 자료화하였고, 상황을 종합하여 논리를 이어가는 일은 정신적인 기록을 활용하였다.

그러나 본 연구에서 하나의 아쉬움은 연구 일지를 작성하지 못한 점으로 이것은 당초에 연구의 목적 없이 상황의 이해만을 목표하고 시작하였기 때문이다. 또한 워낙 오랜 세월 동안 연구를 수행했기 때문에 단기적인 논문이 가지고 있는 상세하고 현상적인 묘사는 이루어지기 어려웠다. 그리고 인류학 연구와 달리 그들의 삶과 문화를 전 방위적으로 묘사할 필요는 없다고 생각된다. 그러나 이런 약점을 보충하기 위해, 이론과 논리의 전개에 따라 그것을 뒷받침할 수 있

---

5) 참여 관찰을 비롯한 사회과학적 연구법을 섭렵한 것은 몇 년이 지난 뒤 귀국하여 박사과정을 시작한 이후의 일인데, 박사과정을 마치고 필자는 다시 방글라데시로 돌아가서 연구를 계속 수행하였다.
6) 기록하는 과정에서 대화 내용이 연구자의 개인적인 관심사라는 점을 상대방도 알 수 있었으나 이로 인해 상대방이 대화의 태도나 내용을 바꾸지는 않았던 것으로 알고 있다.

는 일반화되어 있는 사례를 충분히 제시할 수 있다면 신뢰성을 높일 수 있을 것으로 판단된다.

또한 프로젝트를 운영하면서 남겼던 다양한 자료들과 개인적인 일기, 일지, 편지, 메모, 기고문 등이 중요한 보충 자료가 되었으며, 사진 자료나 비디오 자료도 활용이 가능하였다.

한편, 질적 연구를 다소 보충할 수 있는 문헌 연구의 차원에서는 공식적인 출판물들은 방글라데시 서점과 도서관에서 구할 수 있었다. 다까의 뉴 마켓(new market)에 있는 정부 간행물 서점에서는 방글라데시 정부에서 발행한 각종 통계 자료와 계획서, 결과 보고서를 구할 수 있었으며, 세계 은행을 비롯한 국제 기구의 자료들도 제법 구할 수 있었다. 방글라데시 개발과 그에 관련된 자료는 '커뮤니티 디벨롭먼트 라이브러리'(community development library)라는 별도의 도서관에서 구할 수 있었다. 또한, 관찰 자료들을 분석하고 이론을 형성하는 데 도움이 크게 되었던 것은, 한국에서 구한 제3세계 문제에 관한 문헌들과 발전론, 동아시아 모델에 관련된 문헌들이었다. 우리나라의 새마을 운동에 관련된 자료들과 가나안 농군학교의 출판물, 신용협동조합의 교재들도 귀하게 활용되었다.

그러나 본 연구는 장기간 체류해서 활동을 하며 연구를 수행했기 때문에 단기간의 집중적인 연구와는 달리, 상세하고 세부적인 기록보다는 포괄적이고 총체적인 기록이 주를 이루게 되었다.

이 과정에서 연구자는 방글라데시의 가난을 일으키고, 근대화를 방해한다고 여겨지는 요인들을 쭉 망라하였다. 가능한 모든 자료를 늘어놓은 다음 그것들을 같은 주제끼리 분류하여 유형화하였다. 그

후에 관련된 이론들에서 제시된 요인들을 문헌에서 찾아 분류한 다음 각 요인들과 관찰하여 분류한 것들을 비교하여 분석하였다.

제시된 여러 요인 가운데 일반적으로 널리 인정되어 온 요인들은 다시 검토할 필요가 없으므로 제외하고, 이제껏 중요하게 여기지 않았지만 방글라데시의 저발전에 영향을 미친다고 인정되는 요인들을 검토하는 과정을 거쳤다. 이것은 지금까지 제시된 요인 이외에도 또 다른 중요한 요인이 있을 수 있다는 가능성과, 방글라데시라는 배경이 서구의 나라들이나 한국, 일본과 다르므로 알려지지 않은 요인이 있을 수 있다는 가능성 때문이다.

분석의 과정에서 연구자는 기존의 이론과 관찰 결과를 두고 연구자 자신의 해석과 통찰력을 따라 적절한 관계를 확인하고자 하였다. 연구자는 기존에 이론으로 제시된 자료들을 다시금 전체적으로 조사하고 현장에서 관찰한 것과 대조하며 검토하였는데, 이론에 따라 상황을 끌어 맞추기보다는 관찰 현장의 상황을 중심으로 평가하고자 하였다. 그렇지만 연구자의 지나친 주관이나 개인적인 편견은 관찰 단계에서부터 주제에 접근해 가는 전 과정뿐 아니라 문헌을 검토하고 비교 평가하는 단계에까지 예외 없이 나타날 수 있을 것이다.

한편, 본 연구에서 연구자가 자료 수집 대상으로, 연구 대상으로 가장 중요하게 삼은 것은, 방글라데시 중에서 연구자가 가장 오랫동안 일하고 체류한 '찔마리' 지역이다. 그러나 방글라데시의 저발전 현상과 가난은 일부 극소수의 부유층을 제외하고는 어느 지역이나 특정 계층에 국한되지 않고 전체적으로 일어나는 현상이다. 그 원인으로 고려하는 사고방식이나 가치관, 행동 양식도 방글라데시는 거의 비슷한 양상을 보이고 있어서 지역이나 계층에 따른 편차를 보이지 않고 있다. 그것은 아마도 종족과, 언어, 종교에 있어서 방글라데시는 매우 동질적인 집단이기 때문일 것이다.

지역적인 의미의 연구 대상 말고, 실제로 정보와 자료를 얻을 수 있었던 사람들은 다음과 같다. 이들과는 대부분 오랜 시간 또는 여러 차례 만나서 대화를 하고 식사를 하기도 하며 교류를 하였다. 늘 그랬던 것은 아니지만 연구자가 가난에 대한 관심을 가지고 있었으며, 또 그것에 관련해서 일을 하고 있었으므로 관찰과 심층 면접은 거의 언제나 이루어졌다고 해도 지나친 말이 아닐 것이다.

이들은 국회의장, 농림·법무장관과 같은 상위그룹에서부터 시골 농민들, 자동차 정비공, 학생, 청년들에 이르기까지 다양하였다. 시골 노인들은 옛날의 방글라데시에 대한 경험을 많이 들려주었고 지역 군수는 지식인으로서 보는 방글라데시의 모습을 많이 알게 해주었다. 이 밖에도 의사, 교사, 상인, 시골 과부, 종교 지도자, 운전수, 데모하는 청년들, 뱃사람, 목수, 할머니, 도지사, 경찰국장, 말단 경찰, 법관, 변호사, 환자, 거지, 교수 등 다양한 사람들과 만남을 가질 수 있었다.

이처럼 남녀노소, 계층의 구별 없이 다양하게 접촉하여 자료를 얻을 수 있었던 것은 본 연구의 대표성을 인정받고 일반화 가능성과 타당도를 높이는 데 크게 기여한다고 생각한다. 다시 말해서 방글라데시 어디를 가나 누구를 만나도 본 연구에서 밝힌 사례들과 비슷한 모습과 상황을 접할 수 있을 것이다.

마지막으로, 본 연구에서 사용된 지명은 대부분 그대로이지만 사람 이름은 많은 경우 가명을 사용했다. 그들의 개인적인 신상에 도움이 되지 않으리라 예상되는 경우는 모두 가명을 사용했다.

3) 연구의 착수와 진행

본 연구는 연구자가 1989년 11월 방글라데시에 도착하면서 시작되었다고 볼 수 있다. 본 연구의 착수와 진행 과정에 대해 살펴보면, 방글라데시에 도착한 다음 달인 1989년 12월 첫 주부터 1990년 6월 말까지 '히드 랭귀지 센터'(Heed language center)에서 벵갈어 언어 교육을 받으며 방글라데시에 대한 전반적인 이해와 관찰을 시작하게 되었다. 그 당시로는 본 연구에 대한 계획이 없었기 때문에 관심과 연구 목표는 분명하지 않았다. 아주 일반적으로 방글라데시가 어떤 나라인지, 그들은 어떤 삶을 살고 있는지, 그들은 정말 얼마나 가난한지, 그들은 왜 가난한지 정도 수준의 관심이었다.

다까 대학교 부설 언어연구소에서 방글라어 주니어 코스를 시작한 것도 이 기간의 일이다. 나중에는 디플로마 과정을 마쳤으며 방글라어에 대한 깊은 관심과 흥미를 갖고서 '방글라와의 비교를 통한 한국어의 계통연구'(1994)라는 논문과 '방글라 문법과 회화'(1997)라는 책을 낼 수 있게 되었다.

한편, 홍수 피해가 심하고 농업이 발달하기에 환경이 나쁠 것이라고 예상했던 것과는 달리, 현지에 도착해서 본 방글라데시는 땅이 기름지기로 유명한 삼각주 평야 지대였다. 아열대 지역이어서 겨울에도 감자, 밀뿐 아니라 바나나, 옥수수 같은 작물도 재배가 가능하였으나 이상하게도 처음 도착한 겨울의 방글라데시는 대부분의 땅이 놀고 있었다. 건기이기는 하지만 지하 3-4미터만 파면 물이 나는데도 사람들은 물이 없어서 농사를 짓지 못한다며 몇 달 동안 땅을 놀리고 있었다.

이러한 상황을 보면서 방글라데시의 저발전은 품종 문제나 농업 기술 문제 이전에 또 다른 문제가 있을 수 있을 것으로 생각하게 되었다. 즉, 방글라데시가 발전하지 못하고 빈곤하게 사는 데에는 자연적 환경이나 외부적 조건보다 정신적인 문제가 있을 것이라고 생각하게 되어 참여 관찰자의 입장에서 방글라데시에서 체류한 7년 반 동안 그 원인을 찾아보았다. 이에 따라 시간이 흐르고 방글라데시에 대한 이해의 정도가 깊어지면서 처음에 가졌던 생각, 곧 저발전의 문제가 외적인 조건보다는 내적인 정신 자세와 더 깊은 관련이 있다는 생각에 믿음이 더해갔다. 그들의 말을 이해하고 그들의 사고 방식과 상징 체계들을 알아가면서 문제에 대한 해답을 찾는 일도 진전이 있었다.

잠시 그 과정을 살펴보면, 6개월간의 언어 교육과 적응 기간이 끝난 1990년 7월 농촌 개발 사업이 계획된 찔마리로 떠났다. 연구자는 농촌 개발 사업을 맡았고 연구자의 아내는 의료 사업을 맡아 함께 일에 참여하였는데, 같이 사업에 참여한 한국인 한 가정이 동행하였다.

약 3천 평에 이르는 땅을 구입하여 훈련원, 사무실, 농장을 마련하고 그 안에 숙소도 건축을 했다. 건축이 완료되기까지 약 2년의 시간이 걸렸는데, 그 동안은 약 한 시간 정도 떨어진 도청 소재지인 ‘꾸리그람’에 일반 주택을 임대하여 생활하였다.

건축이 완성되어 입주한 집은 약 20미터 거리에 이웃집이 있을 만큼 마을과 가까운 지역이었으나 울타리가 있어서 일상적인 왕래는 하지 않았다. 사람들이 연구자를 만나고자 하면 사무실로 찾아오거나 경비원의 허락을 받고 집으로 찾아와야 했다. 이 정도로 거리를 둔 것은 외국인이고, 그리고 경제적 수준이 너무 차이가 나는 까닭에 호기심 어린 동네 사람들의 끝없는 관광성 방문을 막기 위해 어쩔 수 없이 취한 방도였지만 완전한 문화의 교류를 방해하므로 연구에 장애가 되었다.

그것을 그나마 보완하기 위해 힘들어도 자주 밖으로 나가서 사람들을 만나고, 가정을 방문하며 함께 차를 마시고 식사 초대에 응하곤 하였다. 그러나 찔마리에서의 3년 생활 이외의 나머지 기간은 일반 주거 지역에 집을 세내어 살면서 그들과 깊이 있게 교류하고 이해의 폭을 넓힐 수 있었다.

연구자가 방글라데시에서 연구 활동을 하는 동안 대부분의 현지인들과는 친밀한 관계가 이루어졌다. 일반적으로 방글라데시인들은 외국인들에게 대한 태도가 좋았고 한국에 대해서는 전에 방글라데시처럼 빈곤했지만 지금은 아주 발전한 나라로 인식해서 아주 부러워하고 있었다. 거기에다 벵갈어를 열심히 공부한 덕을 많이 보았는데, 초기에는 서툴지만 관심 있게 자기들의 말을 배우는 것에 대해 고마워했고, 뒤에는 마음 속 깊은 대화까지 가능해지니 털어놓고 이야기를 나누게 되었다. 더구나 그들의 상징 표현들도 이해하고 사투리나 관용 표현도 쓸 수 있게 되면서 그들과의 벽은 더 엷어졌다.

　또한 연구자가 맡아서 진행했던 사업에 대한 지역 주민들의 평가가 좋게 나오고, 어떤 어려운 사건을 해결하는 과정에서 경찰의 압력을 받았지만 뇌물이나 거짓말을 쓰지 않고 견뎠던 것이 소문나면서 주민들의 신뢰는 매우 높아졌다. 심지어는 자기들끼리는 믿을 수 없어서 신용협동조합 사업을 할 수 없지만 우리가 뒤에서 돌봐준다면 하겠다는 고백까지 듣게 되었고, 그 때부터는 릭샤왈라(인력거꾼) 노동조합의 연차 총회에 주 강사로 초빙되게까지 되었다.

　초기에는 빈곤에 관련된 것뿐 아니라 방글라데시에 관한 것은 무엇이든 관심 있게 관찰을 했다. 그들과 같이 되어 보기 위해 수염을 길렀고, 그들이 입는 빤자비나 룽기를 입고 다녔다. 시장, 박물관, 대학, 병원, 연구소 등 어디든지 기회 닿는 대로 찾아다니며 사람들을 만났다. 이런 기간은 방글라데시를 이해하려 하기보다는 적응하는 기간으로, 우리와 반대 길로 달리는 운전도 익혀야 했고 릭샤를 타고 가격을 흥정하는 것도 익혀야 했다. 전국적으로 여행할 기회도 여러 번 갖게 되었다. 동남쪽으로 치타공과 콕스바자르까지, 서남쪽으로는 쿨나와 몽글라포트까지, 서북쪽으로는 롱뿌르, 찔마리까지, 북쪽으로는 마이멘싱, 땅가일, 실렛 지역을 여행하였다.

　그러면서 저발전에 대한 관심은 비정부기구(NGO) 활동이라는 주제로 모아졌다. 엔지오 관련자들은 자신들이 매우 성공적으로 일하고 있다고 자신 있게 말하고 있었으며, 그들이 영어로 인쇄해 내는 멋진 보고서들은 보는 사람들을 주눅 들게 만들었다. 같이 일하는 한국인들도 한결같이 선진국의 경험을 본받고 그들의 기법을 먼저 배워야 할 것이라고 말했다. 그래서 엔지오들을 찾아가고, 그들의 보고서들을 살펴보며, 그들의 활동을 견학하는 일에 열중했다. 그들이 운영하는 농장, 양어장, 벽돌 공장을 찾아가 보고 그들이 가르치는 시골 학교를 방문하였고 그들의 시골 사무소를 찾아가서 담당자들과 대화를 하고 그들의 안내를 받아 현장을 찾아가곤 하였다.

한편, 연구자가 운영하던 농촌 개발 사업에서 비정규적으로 농촌 계몽 활동을 하면서 농민들과 깊이 있는 만남이 시작되었다. 이러한 활동은 먼저 농촌 청년들을 뽑아서 3개월 동안 합숙하며 훈련시켜 돌려보내는 프로그램의 후속 과정이었다. 청년들이 돌아가서 어른들에게 듣고 배운 것을 말할 때 그들의 말에 힘을 보태주고 나아가서 농촌 개발 사업을 실시할 수 있도록 하는 것이 목적이었다. 그런데 그 과정을 통해 새로운 사실을 알게 되었다.

엔지오 직원들의 안내를 받으며 찾아갔을 때의 모습과는 달리 소액 대부 사업의 결과가 실제로는 그렇게 긍정적으로 보이지 않는 점이었다. 농민들은 오히려 더 어려움에 빠지게 되었다며 원망하는 사람들도 있었으며, 그 대상 지역도 다른 지역보다 더 발전된 모습을 찾아볼 수가 없었다. 결국 소액 대부 사업의 효과에 대해 다른 눈을 가지고 살펴보기 시작하였다. 특히 농민들의 가난의 원인이 농업 기술의 부족과 현금이 없기 때문이므로 그것을 채워주면 문제가 해결될 것이라는 그들의 주장에 대해 다른 시각으로 검토하기 시작했다. 이들이 가난한 진짜 이유를 찾는 노력을 해야 했다.

그런 과정에서 맨손으로 시작하여 성공한 현지인 로흐만 씨를 만나게 되었는데, 그와 다른 사람과의 사고 방식의 차이를 보게 되었다. 또한 식사할 시간도 없이 일하고 다니느라 건강까지 나빠진 한 유니온 체어맨(면장)을 만난 것도 저발전 문제에 대한 새로운 이해를 가능하게 했다. 방글라데시에도 부정한 방법을 쓰지 않고도 성공한 사람들이 있으며, 그들과 가난한 사람들과의 차이가 무엇인가 하는 데 지침을 얻게 되었다.

농촌 개발 사업이 진행된 찔마리 지역은 수도인 다까로부터 멀리 떨어져 있고 당시에는 조무나 강에 다리가 없어서 페리(자동차를 싣고 건너는 큰 배)를 통해 강을 건너야 했기 때문에 교통이 매우 불편하고 산업이 발달하기에 어려운 여건인 지역이다. 이 지역을 사업 대상 지역으로 결정하게 된 것은 연구자가 소속된 단체가 정부에서 사업 승인을 받는 과정에서, 방글라데시에서도 가장 가난하고 낙후된 지역이라고 알려진 지역을 추천받았기 때문이다. 필자의 연구를 위해서 다행이었던 것은 방글라데시의 저발전이 가장 두드러진 곳에서 그들의 상황을 이해하고 그 원인을 찾을 수 있는 외적 여건이 갖추어진 곳이기 때문이다.

4. 연구의 의의와 제한

1) 연구의 의의

저발전과 빈곤이라는 결과는 매우 다양한 요인에 의해서 발생하고 또한 바라보는 각도와 관점에 따라 이해가 다르게 나타난다. 그러므로 어느 한 사회 또는 국가의 저발전과 가난을 이해하기 위해서는 지리, 역사, 종교, 사회적 배경에 대한 깊은 이해를 바탕으로 하고, 여러 관점에서 주의 깊게 검토해 보아야 할 것이다.

오늘날 방글라데시가 당하고 있는 저발전 상황은 종속론자들의 주장처럼 식민지 시대나 그 이후의 착취가 큰 이유가 될 것이다. 인구가 폭발적으로 늘어난 것도 그에 못지 않게 중요한 원인으로 평가될 것이며, 이러한 변화 속에서 아무런 조치도 하지 못하고 그저 방관만 하고 있었던 그들의 정신이나 문화적인 것도 중요한 원인이 될 것이다. 또한 자본이 없고 기술이 없는 것도 큰 요인이 될 것이다.

이러한 것을 바탕으로 하여 본 연구는 방글라데시의 가난에 대한 종합적인 이해와 통찰을 하고자 하였다. 이제까지 세계적으로 저발전의 요인들에 대한 연구가 있었고 방글라데시에도 그러한 이해를 바탕으로 발전을 위한 노력들이 행해져 왔는데도 불구하고, 여전히 저발전의 상태에 머물러 있는 까닭에 대한 통찰이 필요한 시점이다.

이 연구를 통하여 그 원인에 대한 설명이 가능해지고, 방글라데시의 빈곤을 어느 정도라도 해결할 수 있는 실마리를 찾게 된다면, 본 연구는 저발전에 대한 이해의 지평을 보다 넓혀주는 의의를 갖게 될 것이다. 나아가 방글라데시뿐 아니라 여전히 많은 노력과 투자에도 불구하고 별 진전을 보지 못하고 있는 나라들의 발전에도 공헌을 할 것으로 기대한다.

2) 연구의 제한

연구자가 현지에 오랜 기간 체류한 것은 연구 대상 지역에 대해 언어나, 생활, 사고 방식 등에 이르기까지 깊이 있게 알 수 있다는 장점이 있는 반면, 어느 면에서는 그들과 동화되어서 문제 의식을 잃어버릴 수도 있다는 것을 밝힌다.

또한 연구자는 참여 관찰을 하면서 연구자의 편견을 제거하고 최대한 객관적인 관찰과 판단을 하고자 노력하였지만, 질적 접근 자체가 그 문제에서 완전히 자유롭지 못한 것은 주지의 사실이다. 또한 연구자 본인도 완전히 가치중립적이거나 절대적으로 객관적일 수 없음을 인정하는 바이다.

또한, 연구자는 개인적으로 기독교 신앙을 따르고 있으며 사물이나 상황을 볼 때 기독교적인 가치관으로 보는 경향이 있음은 어쩔 수 없는 사실이다. 농촌 개발 사업의 일환으로 가나안 농군학교 방글라데시 분교를 설립하여 청년들 교육을 실시하였는데, 이것은 연구자가 기본적으로 가난과 발전 문제를 보는 시각이 사회 구조보다는 개인의 특성에 많은 비중을 두고 있다는 반증이 될 것이다.

본 연구의 관찰의 초점은 주민들의 삶에서 나타나는 발전의 저해 요인에 대하여 검토를 함에 있어서 주로 주민들의 행동과 습관, 태도, 가치관과 같은 개인적이고 내면적이며 문화적인 데에 있다. 따라서 국가의 제도나 국제 관계, 토지 소유 문제, 고리 대금 문제와 같은 구조적인 면에 대해서는 본 연구에서 깊이 있게 다루지 못하였다는 한계도 있다.

또한 발전의 저해 요인을 찾는 데에 초점을 맞추고, 저발전에 대한 대책은 다음 연구 과제로 남기기로 하였다. 발전의 저해 요인으로 드러난 어떤 것들이 생긴 이유나 역사적인 배경도 자세히 살펴볼 수 없었다.

본 연구에서 예상 가능한 오류는 질적 연구의 특성상 통찰력이 강조되는 반면 설명이나 이해가 다소 주관적일 수 있다는 점으로 신뢰도와 타당성의 문제이다.

신뢰도는 연구자의 선입관이나, 낯선 상황과 문화에 대한 잘못된 이해, 연구 대상자와의 상호 관계에서 편기(bias)가 생길 수 있다는 것이다. 다행히 본 연구자는 그들의 언어인 벵갈어에 대하여 교재와 문법을 출판하고 강의할 정도로 이해할 수 있었으며, 10년에 걸친 오랜 체류 활동을 통해 그들과 깊이 있게 공감하고 이해할 수 있게 되었다. 또한 빈부귀천, 남녀노소 가리지 않고 많은 사람을 만나서 대화하고 그들의 생각을 서로 비교 검토함으로써 편기를 줄일 수 있었다고 믿는다.

한 가지 편기가 있을 수 있었던 것은 연구자가 일부 연구 대상자들의 고용인이었기 때문에 그들이 연구자에게 잘 보이려고 노력했을 것은 충분히 짐작이 간다. 그러나 연구자가 관심 있어 하는 것에 더 많이 동의하고 맞장구를 치는 사람들이 있었지만 모든 직원이 그랬던 것은 아니며, 사람을 사귀면 한두 달만 지나도 됨됨이를 알 수 있으므로 그런 편기가 절대적으로 큰 문제는 되지 않았으리라 본다.

　또한 직원들 말고도 더 많은 사람들을 밖에서 만났고 그들로부터 자료를 얻었다. 그들 대부분은 연구자와 이해 관계가 없는 사이였고, 연구자가 이런 연구를 하고 있다는 것을 모르고 있었다. 따라서 필자가 참여 관찰자로서 있었던 것으로 인한 편기는 크게 문제가 되지 않는다고 보아도 무방할 것이다.

　타당성의 문제는 대표성 또는 일반화 가능성의 문제로서, 대개 한 사례 또는 소수의 사례를 다루는 데서 오는 문제로, 이것은 연구 대상 사례가 그 범주의 현상을 다루는 데에 전형적이 될 수 있느냐의 문제이다. 이 문제에 대해서는 본 연구가 약 10년에 이르는 오랜 기간 동안, 여러 지역에서, 여러 사람을 대상으로 자료를 수집함으로써, 상호 교차 검토가 가능하게 되어서 대표성에서 큰 무리가 없게 되었다고 본다. 또한 본 연구에서 제시된 자료들은 언제 어디서나 확인할 수 있는 방글라데시 사람들의 일반적인 특징들로서 일반화하는 데 무리가 없으리라고 생각된다.

Ⅱ

저발전에 관한 관련 이론의 검토

1. 저발전과 빈곤에 관한 이론

1) 저발전과 빈곤의 개념

저발전과 빈곤은 일치하는 용어는 아니지만, 깊은 관련이 있는 개념이다. 일반적으로 저발전의 결과는 빈곤으로 나타난다(임현진, 1993). 그러므로 저발전에 대한 이해는 빈곤에 대한 이해와 상통한다. 또한 국가의 저발전과 관련되어 가장 많이 회자되는 용어는 제3세계이므로 여기서는 제3세계의 개념을 살펴보고, 빈곤에 관련된 개념과 이론을 검토하였다.

우선, 제3세계와 관련하여서는 저개발국(less-developed country), 후진국(underdeveloped country)이라는 용어가 사용되었지만, 개발도상국(developing country)이라는 용어로 일반화되었었다. 하지만 1970년대에 종속학파의 신마르크스 저술가들에 의해 다시 후진(underdeveloped)라는 어휘가 되살아났으며, 빈곤(poor), 낙후(back-ward), 산업화 과정(industrializing), 주변(peripheral) 등의 용어도 저발전을 나타내는 용어로 사용되었다.

제3세계라는 개념은 비동맹국과 관련이 깊다. 맥퍼슨과 미즐리(1993)에 의하면 냉전의 갈등이 심화되어 감에 따라 비동맹이라는 새로운 지리·정치학적(geo-political) 개념이 통용되었으며, 그 결과 세계는 주요한 세 개의 영역, 즉 서구의 열강과 그들의 동맹국들, 소련과 그 동맹국들, 그리고 비동맹국들로 점차 편성되어 갔다.

　제3세계 개념은 비동맹을 위한 투쟁의 상황 속에서 출현하였다고 일반적으로 간주되지만 그 기원에 대한 일치된 견해는 없다. 몇몇 권위 있는 학자들은 제3세계라는 말이 1955년 아시아·아프리카 비동맹국가들의 반둥회의에서 처음으로 사용되었다고 주장하고 있고, 또 다른 학자들은 그것은 프랑스에서 유래되었으며 프랑스혁명 전의 평민층인 제3계급과 상징적으로 유사한 의미를 지녔다고 주장하였다. 또 어떤 사람들은 그 개념을 모택동이 말한 세 개의 세계 이론에서 찾고 있기도 하다.

　그러나 일반적으로 통용되고 있는 제3세계라는 개념은 미국과 소련을 중심으로 한 양대 세력권에 속하지 않은 나라들도 구성된 아시아·아프리카·남미 3대륙을 의미하며, 이것은 미국, 소련, 유럽 등에 대한 대립 개념으로 사용되고 있다(심상필, 1990).

　1990년대에 들어 동구와 소련의 공산주의가 몰락하면서 사실상 이러한 양대 구도 속에서 제3세계의 의미를 찾는 것은 불가능해졌다. 그러나 여전히 제3세계라는 용어는 많이 쓰이고 있으며, 의미상으로는 저발전 상태에 있는 후진국을 통칭하고 있다.

　한편, 빈곤의 개념, 유형과 원인, 결과 등은 저발전에 대해 다른 각도에서 이해할 수 있는 근거를 제시하며 이러한 것은 빈곤론에서 잘 설명하고 있다. 빈곤론에 의하면, 빈곤이란 일반적 의미로 사람이 살아가는 데 필요한 것을 갖추지 못한 상태를 말하는데, 생활하는 데 필요한 것이라는 제한 기준이 용어 설정의 중요한 문제가 된다. 빈곤을 절대적 빈곤, 즉 사람이 육체적으로 살아남는 데 필요한 상태를 기준으로 정의한다면 빈곤의 기준을 정하는 것은 비교적 쉬운 일이다. 그러나 빈곤의 경험은 같이 사는 다른 사람들에 비해서 얼마나 많이 가졌느냐, 사회적 개념으로 좋은 생활이 뭐냐 하는 상대적 가난에 많이 좌우된다(Allan, 1995).

절대적 빈곤(absolute poverty)은 의식주와 건강을 유지하는 데 기본적으로 필요한 것을 구할 수 있는 소득이 없는 상태를 말하는 것으로 객관적인 기준이 가능하다. 미국에서는 1983년 기준으로 4인 가족의 소득이 연 10,178달러 이하의 경우를 절대적 가난으로 보는 데 비해(Persell, 1987), 국제적인 빈곤의 기준선, 다시 말해 제3세계의 빈곤의 기준선은 85년 가치로 하루 한 사람에 1달러(4인 가족, 연 1,460달러) 이하를 절대적 빈곤으로 다루고 있어서 그 차이는 매우 크다(Vinod, 1997). 1988년 세계은행이 추정한 빈곤 기준선 이하의 인구는 11억 3천3백만으로 개도국 인구의 29.7%, 남아시아의 인구의 49%, 아프리카 사하라 지역 인구의 47.8%가 이에 해당된다(Yapa, 1996).

상대적 빈곤(relative poverty)은 생존에 필요한 수입은 넉넉하게 있더라도 자기가 사는 사회의 평균 수준보다 훨씬 적은 경우에 느끼는 것으로, 사회적으로는 절대적 빈곤보다 더 중요한 의미를 가지는데 그것은 자기가 가난하다고 느끼는 사람이 반사회적인 행동을 일으킨다는 점이다(Persell, 1987).

2) 빈곤의 지표

일반적으로 빈곤의 지표로는 소득수준을 나타내는 일인당 국내총
생산(GDP; gross domestic products), 영아 사망률(1세 이하, 천 명
당), 또는 유아 사망률(5세 이하, 천 명당), 평균수명(life expectancy
at birth), 의사 일인당 환자 수, 성인 문해율 등이 사용되며, 인구 증
가율도 사용된다. 성인 문해율이나 의사 일인당 환자 수 등은 사회주
의 국가에서는 가난함에도 불구하고 수준이 높아 가난의 지표로서
맞지 않을 수 있다. 일반적으로 가장 많이 쓰이는 지표는 일인당 국
내총생산, 영아 사망률(1세 이하), 평균수명 등이다. 또한 근래에는
소득보다 소비 지출 비용이 중요한 지표로 제시되고 있다.

3) 빈곤의 세계적 분포와 경향

절대적 빈곤의 세계적 분포를 보면 1993년을 기준으로 남아시아
가 39.2%로 가장 많고, 다음이 동아시아로 33.9%에 이르고 있다.
아프리카 사하라 일대(Sub-Saharan Africa)가 16.7%를 차지하고 있
고, 라틴아메리카와 카리브 지역이 8.3%, 유럽과 중앙아시아가
1.1%. 중동과 북아프리카가 0.8%를 차지하고 있다(<그림 2-1> 참조).

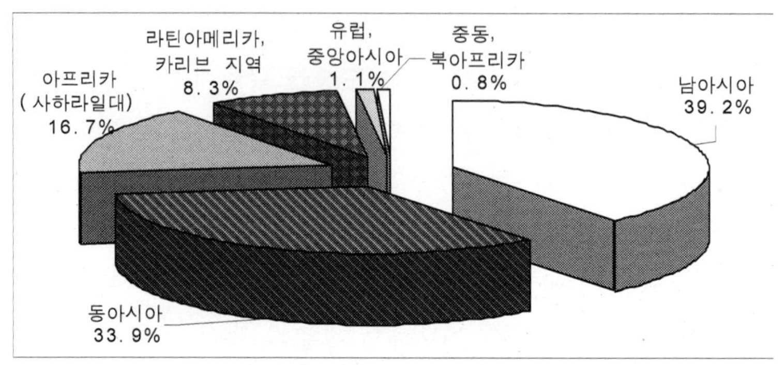

〈그림 2-1〉 빈곤의 세계적 분포

이 지역들 가운데 동아시아 지역은 87년에 37.8%에서 33.9%로 3.9%가 줄어들었고 나머지 지역은 조금씩 늘어나는 경향을 보이고 있다.

몽고, 베트남, 라오스, 파푸아뉴기니아, 필리핀, 중국, 인도네시아, 태국을 포함한 동남아시아의 경우 빈곤은 다음의 경향을 보이고 있다. ① 빈곤은 농촌 지역에서 두드러지게 나타나고 있고, ② 지역 간에 차이가 심하여 특히 새롭게 산업화가 진행되고 있는 인도네시아의 경우, 자카르타에는 빈곤한 사람이 1.3%에 불과한데 동 누수 텡가라 지역은 46.0%에 이른다. ③ 교육과 빈곤도 깊은 상관을 보이고 있다. 베트남의 경우 가장이 공식 교육을 받지 않은 경우는 대학을 졸업한 경우보다 빈곤한 사람이 다섯 배나 많으며, 라오스나 필리핀, 태국도 비슷한 경향을 보이고 있다. 이것은 교육을 못 받아서 빈곤해졌다는 것과, 빈곤하기 때문에 교육을 못 받았다는 상반된 의미를 모두 포함하고 있다. ④ 직업별로도 빈곤의 정도가 다르게 나타나는데 가장 가난한 직업은 농부로 나타났다(Vinod Ahuja et al., 1997).

2. 저발전의 원인에 관한 이론

1) 저발전의 원인

저발전, 혹은 빈곤의 원인에 대해서는 인구학적 설명과 종속이론에 의한 설명, 근대화 이론에 의한 설명이 있으며, 분배의 문제로 설명하기도 한다. 본 연구의 대상인 방글라데시는 부자들은 극히 일부 있을 뿐이고 대부분의 사람들은 절대적인 빈곤에 시달리고 있으므로, 분배 문제보다는 절대적인 빈곤이 중요한 이슈가 되어 있다. 따라서 여기서는 분배 문제에 대해서는 간단히 살펴보고 절대적인 가난과 관련하여 설명하는 인구론과, 종속이론, 근대화 이론은 따로 살펴보고자 한다.

빈곤이 분배 문제 때문에 발생한다고 보는 시각은 세부적으로는 경제·구조적 원인, 정치적 원인, 문화적 원인 등으로 설명되고 있다.

첫째, 경제·구조적 원인으로 설명하는 것은, 빈곤이란 직장을 잃은 실업 문제와 여성, 비숙련공과 소수민족에 대한 낮은 임금 때문에 생기는 문제라고 보는 경향이다. 선진국이나 후진국 가리지 않고 고용 기회가 모자라는 것은 빈곤의 1차적인 원인이 된다. 뿐만 아니라 특히 후진국의 경우 어린이 노동이나 여성 노동, 비숙련공의 노동에는 매우 낮은 임금이 제공되므로 결국 빈곤할 수밖에 없는 상황이 된다.

둘째, 정치적 원인으로 설명하는 것은, 빈곤한 사람이 없으면 더러운 일을 할 사람이 없고, 물건이나 서비스의 가격이 오르게 된다는 것이다. 또한 빈곤과 관련된 직종[7]의 일자리가 없어질 것이며, 유통과정에서 손상된 물건이나 오래된 식품 등은 소모되지 않을 것이라는 주장이다.

따라서 빈곤한 사람들의 존재는 중간층이나 부자들의 편리함에 크게 공헌하므로 빈곤을 방치하는 정치적인 이유가 존재한다고 보는 입장이다. 이러한 것은 선진국의 경우 소수의 빈곤한 계층과 소수민족들에 대해 다수의 기득권층이 이득을 보게 되고, 후진국의 경우 대부분의 빈곤한 사람들 위에 소수의 부유층들이 군림할 수 있는 기회를 제공하게 된다.

셋째, 문화적 원인으로 설명하는 것은 '빈곤 문화'가 별도로 있다고 보는 견해이다. 슬럼가에 사는 사람들의 경우 자신의 노력이 쓸모없고 상황을 바꿀 수 없다는 운명론적 생각이 그들을 빈곤으로부터 놓아주지 않는다. 그러한 특징은 자손에게 전달되며 개인이 그것을 깨뜨리기는 힘든 일로서 빈곤을 없애려면 문화적 가치관을 바꿔야 하며, 빈곤을 벗어나려는 사람은 그들의 태도를 바꿔야 한다는

---

7) 예를 들면, 복지업무 종사자, 정부의 관련 공무원, 전당포 주인, 경찰 등이 있을 수 있다.

입장이다(Persell, 1987).

2) 인구론

빈곤과 관련된 인구학적인 이론은 인구 과잉 문제가 제일 주된 논점이다. 인구의 증가나 변화의 원인이 무엇이며, 또한 인구 증가나 변화의 결과가 무엇인가에 대한 이론에 따라 세계적으로 정책을 수립하는 데 큰 차이가 생기게 된다. 따라서 인구와 사회의 관계에 대해 어떠한 이론이 있으며 어떻게 변화되어 왔는지를 살펴보는 것은 빈곤을 이해하는 데 매우 중요한 단서를 얻게 될 것이다. 위크(Weeks, 1989), 벽봉식(1987), 이효재(1983) 등에서 다음의 내용을 볼 수 있다.

가. 근대 이전의 인구에 관한 논의들

고대 사회의 인구에 대한 관심은 보편적으로 일어나던 높은 사망률에 의해 줄어든 인구를 보충하는 데에 가치를 부여하는 것이었다. 처음 인구에 대한 언급은 플라톤에 의한 것으로 그가 추구하던 인간의 완성을 이루기 위해서는 인구의 안정이 필수적이라고 하며 인구의 수보다는 질에 관심을 두었다. 비슷한 시기에 인도의 카우틸리아(Kautilya)는 어느 일정 지역에 너무 많은 인구 또는 너무 적은 인구가 살게 되는데, 인구가 너무 많은 것보다는 너무 적은 것이 훨씬 더 나쁘다고 하였다.

로마 시대의 율리우스나 아우구스투스는 인구 증가 제창자로서 전쟁 사상자를 대체하고 식민지를 관리하기 위해 인구 증가가 필요하다고 주장하였다.

중세에 이르러 어거스틴은 인구 증가 반대론자로서 독신을 강조하였고, 13세기의 토마스 아퀴나스는 결혼하여 가족을 이루는 것이 독신보다 못하지 않다고 하였다. 17세기에 이르러 중상주의자들은 인구 증가는 노동력의 증가로, 다시 임금의 감소로 이어져서 사회의 부를 증대시킨다고 보았으며, 18세기에 이르러 가난의 정도가 늘어남에 따라 중농주의자들은 국가적 부의 원천은 인간이 아니고 토지라고 주장하였다.

나. 멜더스의 인구론

영국인으로 목사 겸 교수였던 토마스 로버트 멜더스(Thomas Robert Malthus)는 그의 저서 '인구의 원리에 관한 에세이(An essay on the principle of population, 1798, 1803)'에서 인구문제를 제기하였는데, 인구 증가의 결과와 원인을 처음으로 체계화시켰다.

그에 따르면, 인구 증가의 원인에 대해 인간은 식물이나 비이성적인 동물처럼 자기의 종을 증대시키고자 하는 강한 본능을 가지고 있어서 인구 증가를 통제하지 않으면 수천 년 안에 지구가 가득 찰 것이라고 보았다. 그의 가장 중요한 언급은 인구 증가는 식량 공급보다 빨리 늘어난다는 것으로, 인구는 기하급수적으로 증가하는데,

식량 생산은 산술급수적으로 증가하므로 자연히 인구 증가는 식량 공급을 능가하며, 식량 부족에 의해 결국은 인구 증가가 멈출 것이라고 보았다.

그는 사람은 자식을 낳으려는 자연적인 본능이 있고, 식량 공급은 인구 증가를 따르지 못하므로 인구 증가의 결과는 가난이라고 보았다. 노동력의 과잉은 낮은 임금을 유발하며, 사람으로 생계를 위해 더 많은 일을 하게 하는데 이 사이클은 결국 가용 자원의 한계에 부딪쳐 가난으로 결말지어진다고 보았다. 이는 기본적으로 가난의 책임을 가난한 사람 개인의 잘못으로 보는 것이다.

이러한 결과를 피하려면 쾌락의 추구보다 고통을 피하려는 노력이 필요하다고 하였다. 잘 교육받은 이성적인 사람이, 빚에 쪼들리고 굶주리는 자녀로 인한 고통을 미리 깨닫고, 그러한 고통을 피할 수 있을 때까지 결혼이나 성적 교류를 지연시킴으로 비극적인 결과는 막을 수 있을 것이라고 하였다. 또한 영국의 빈민법은 가난한 사람들이 큰 고통을 느끼지 않게 되어 영속적인 비극을 낳게 하므로 반대한다고 하였다.

한편, 멜더스의 인구론을 바탕으로, 1929년 톰슨(Warren Thompson)은 인구전환이론을 제안하였는데, 이 이론은 높은 출산율과 높은 사망률에서 낮은 출산율과 낮은 사망률로의 전환에 대한 것이다. 그는 출산율과 사망률을 기준으로 국가들을 다음과 같이 세 집단으로 유형화하였다.

A집단은 9세기 후반에서 1927년까지 높은 인구 증가율에서 낮은 증가율로 바뀌어 안정 단계에 이르렀으며, 약간 감소하기 시작한 경

우이다. 이 집단에는 북구, 서구와 미국 등이 해당된다.

B집단은 출산율과 사망률이 감소 추세에 있으며, 사망률의 감소가 더 빠른 경우로, 30-50년 전의 A집단과 비슷한 상황에 처한 국가이다. 이 집단에는 이탈리아, 스페인과 슬라브족 등이 해당된다.

C집단은 이상의 두 집단에 해당되지 않는 나머지 나라들로서 출생과 사망에 대한 통제가 되지 않는 경우이다.

1945년 프랭크(Frank)는 '인구통계적 전환'이라는 용어를 사용하였는데, A집단을 감소 초기형이라 하고, B집단을 성장 전환형이라고 했으며, C집단을 고성장 잠재형이라고 분류하였다. 이 이론은 1940-60년대에 인구 증가가 세계적 관심사가 되면서 단순한 서술에서 이론적 전망으로 각광을 받게 되었다.

대부분의 나라가 전환 과정을 거치게 되는데, 소득수준이 높아지면서 사망률이 낮아지지만, 출산율은 몇십 년 뒤에 낮아진다. 왜냐하면 사람들은 누구나 생명의 연장을 원하기 때문에 사망률의 감소는 어렵지 않으나 출생률의 감소는 쉽지 않기 때문이다. 높은 사망률에 맞춰 유지되던 높은 출산율의 표준이 쉽게 바뀌기는 어려운데 심지어는 가난에 직면해서도 그러한 결과를 볼 수 있다.

다. 네오 멜더시안(Neo-Malthusian)

1960-70년대에 이르러 하딘(Garrett Hardin)과 엘리히(Paul Ehrlich) 같은 사람들은, 현재 지구상에는 인구에 비하여, 식량이 부족하며 환경이 파괴되고 있다고 주장하였다. 저개발국은 인구와 식량 문제

를 피할 수가 없는 상황이며, 선진국은 인구 과잉으로 환경오염과 그들의 안락을 뒷받침할 자원의 부족현상을 보이고 있다고 하였다. 또한 적어도 세계 인구의 절반은 영양부족과 영양실조를 겪고 있는데, 오늘 충분한 식량이 없으며 내일도 어떻게 될지 불확실함을 지적하였다.

멜더스의 주장이 옳았으며, 이렇게까지 상황이 복잡하게 악화될 줄은 멜더스도 상상하지 못했다고 엘리히는 말했다. 빈곤한 사람은 굶어서 죽어가고, 부자와 가난한 사람 모두는 풍부의 결과인 오염과 생태계 재해로 죽어가고 있다고 하였다. 이에 대한 해결책은 두 가지로 출산율을 낮추는 것과 사망률을 높이는 것이 있는데, 사망률을 높이는 것이 가능성이 크다고 보았다. 이것을 피하는 유일한 방법은 필요에 따라 강제로 출산율을 통제하는 것이라고 하였다.

이들은 멜더스의 주장과는 달리 출산율을 낮추는 방법으로 도덕적인 절제를 유일한 것으로 받아들이지 않았는데, 당면한 상황이 단순한 빈곤이 아니라 광범위한 참화로 진행되고 있다고 보았기 때문이다.

라. 마르크스의 인구론

영국에서 멜더스가 사망(1834)했을 때, 칼 마르크스(Karl Marx)와 프리드리히 엥겔스(Friedrich Angels)는 독일에서 10대를 보냈다. 당시 독일의 여러 주와 오스트리아에서는 멜더스의 이론에 근거한 결혼 법률을 제정했으나 오히려 혼외 출산이 많아지고 복지비 부담이 늘어남으로 인해 법률이 폐기되었다. 이러한 상황을 겪은 결과 멜더스 이론은 인간 존엄에 대한 모독이라고 마르크스는 결론을 내렸다.

마르크스는 인구 증가의 원인에 대해, 인구가 자원을 능가하는 것은 멜더스가 말한 대로 인간의 자연적인 본성 때문이 아니라, 특정한 사회 경제적 환경의 산물로서 인간의 행위가 그렇게 나타난다고 보았다. 특정 사회의 특정한 역사적 시점은 인구 증가를 결정하는 자체의 법칙을 가진다고 하면서 자본주의는 인구 과잉과 가난을 일으키고, 사회주의는 증가하는 인구를 부작용 없이 경제적으로 다 수용할 수 있다고 주장하였다.

인구 증가의 결과에 대해, 빈곤은 자본주의같이 잘 조직되지 않은 사회의 결과이며, 잘 조직된 사회는 인구가 많아질수록 빈곤한 것이 아니라 부가 늘어난다고 하였다. 또한 과학과 기술의 발전은 인구 증가에 필요한 식량의 증산을 이룰 수 있다고 보고, 빈곤은 인구 증가의 결과가 아니라고 하였다.

마. 근대 초기의 인구 이론

존 스튜어트 밀(J. S. Mill)은 인구 증가가 식량 생산을 능가할 것이라는 멜더스의 계산을 받아들였지만 인간 본성에 대해서는 훨씬 낙관적이었는데, 사람들은 그들의 욕구를 위해 환경을 변화시키고 장래를 변경할 것이라고 보았다. 따라서 가난은 불가피하다든지, 가난이 자본주의 사회의 산물이라는 생각을 받아들이지 않았으며, 인구문제가 일어나도 식량을 수입하거나 사람을 수출하는 해결책이 있어서 일시적 현상일 뿐이라고 보았다.

브렌타노는 번영이 출산율 감소의 원인이 될 것으로 보았는데, 여성은 임신과 육아로 자기의 인생과 직업을 버리고자 하지 않으며, 남성은 자녀 양육비용 때문에 다른 만족을 버리고자 하지 않을 것이라고 하였다. 뒤르켐(Durkheim)은 인구 증가의 원인보다 결과에 관심을 가졌는데, 인구가 늘어나면 오히려 경쟁력이 높아지고 사회의 직업이 전문화될 것으로 보았다.

3) 종속이론

가. 종속이론의 대두

종속이론(the theory of dependency)은 20세기 라틴아메리카의 사회경제적 실패라는 경험에서 시작되었다. 1929년까지 라틴아메리카 국가들은 수출을 경제성장의 근간으로 하는 외부지향적 발전노선을 발전전략으로 삼았다. 대공황이 밀어닥침에 따라 성장전략으로 채택되었던 수출에의 의존은 심각한 타격을 받게 되었는데 수출에 의한 외화 획득이 급격하게 감소함에 따라 라틴아메리카는 심각한 경제적·정치적 혼란을 겪게 되었다. 여기에서 새로운 발전전략 및 노선이 요청되었는데 이것은 내부지향적 발전노선을 강조하는 것이었다.

이러한 이데올로기와 경제계획은 유엔 산하기관인 라틴아메리카 경제위원회(ECLA)에 의해 주도되었다. 이는 흔히 구조주의적 시각

(structuralist perspective)이라고 불리는데, 각국의 상이한 역사적 상황과 국가적 맥락을 강조하는 입장으로, 저발전의 원인을 상이한 행동유형을 갖는 상이한 구조로 되어 있기 때문이라고 보았다. 이는 전통적 경제학 이론이 라틴아메리카에 적용되지 않는다는 점을 지적하는 근거로 작용했는데, 보다 중요한 관점은 라틴아메리카의 저발전의 원인은 세계경제 속에서 이들이 위치하고 있는 중심부-주변부 관계(center-periphery relation)에서 비롯된다는 것이었다.

일차 상품의 수출은 교역조건에 있어서 장기적이고 지속적인 악화를 겪게 되고, 이들 수출품에 대한 중심부의 수요 탄력성은 점차 감소하지만 반대로 중심부로부터의 수입품에 대한 주변부의 수요 탄력성은 증가함으로써 라틴아메리카 국가들이 만성적인 무역 적자에 부딪치게 되기 때문이라는 것이다. 이를 해결하기 위해서는 높은 관세장벽을 쌓아야 하며 이로 하여 국내의 유치산업을 보호하고 자원의 적정배분이 가능하도록 하는 수입대체 산업화(import substitution industrialization)가 제안되었다.

그러나 종속이론이 발전하게 된 직접적인 계기는 이러한 수입대체산업화 전략의 실패이다. 60년대에 이르러 이 모형이 위기를 맞았는데 결국은 대외 의존을 감소시키지 못했으며, 내부적으로는 소득 배분이 점점 불평등하게 되어 많은 사람들이 주변화되었다는 점이다. 산업화를 위한 국가정책은 다국적 기업의 압력에 굴복했고 산업화는 주로 외국 투자가에 의하여 수행되었으며, 끝내는 많은 라틴아메리카 국가에서 군부가 권력을 장악하게 되었다. 이러한 사회적, 경제적, 정치적 실패를 설명하고자 한 것이 종속이론이다.

　따라서 종속이론은 그때까지 라틴아메리카 발전정책의 근간이 되어 왔던 근대화 이론에 대한 철저한 부정에서 출발하였다. 특히, 제3세계의 저발전을 설명하기 위하여 제시된 이중구조론과 발전전략으로 제시된 전파론의 부적합성을 강력하게 비판하였다.

　종속이론은 세계 자본주의 체제가 기본적으로 제국주의적 성격을 갖는다는 점을 인정함으로써 제국주의 이론의 일면을 수용하면서 관심의 초점을 후진국에 대한 제국주의적 팽창의 결과에 맞추었다. 이들은 제국주의적 침투가 국제적 분업을 고착시키고 잉여의 유출을 통하여 저발전 국가의 자본주의 발전을 확대시키고 심화시키기보다는 경제발전을 느리게 하고 통제하게 된다고 주장한다.

나. 종속이론의 분화

　종속이론도 근대화 이론만큼이나 내부적으로 복잡한데 종속이론가들 자신이 이데올로기적 지향에 있어서 차이를 보이고 이들 사이의 내부적 비판 수정을 통하여 종속이론이 스스로의 운동을 보여주고 있기 때문에 이론가들마다 그리고 시기적으로 상당한 차이가 있다.

　바란(P. Baran)은 종속이론의 핵심적 사상을 처음으로 제시하였는데, 저발전 국가에 대한 착취가 이들 국가에 있어서 경제성장을 방해한 대신에 서구의 자본주의 발전에 중요한 기여를 했다고 주장하였다. 후진 세계는 공업화된 국가들에게 중요한 원료를 공급하고 그들 국가의 회사에 방대한 이윤과 투자 출구를 제공함으로써 언제나 고도로 발전된 자본주의적 서구 국가의 필수불가결한 배후지가 되어 왔다고 하였다.

바란의 사상을 라틴아메리카의 상황에 적용함으로써 종속이론을 더욱 체계화시킨 사람은 프랑크(A. G. Frank)인데 그는 바란과 마찬가지로 오늘날의 서구는 제3세계의 착취를 통하여 발전되었고 제3세계는 서구의 발전을 도와줌으로써 저발전되었다고 주장하였다. 그는 세계 자본주의 체계를 중심부(metropolis)와 위성(satellite)의 관계로 개념화했으며 이 관계를 국가 간뿐 아니라 국가 내의 계급 간에도 적용하여, 가장 발전된 국가의 중심부 자본가에서부터 가장 덜 발전된 국가의 노동자에 이르기까지 광범위한 위계서열이 있다고 보았다.

아민(S. Amin)은 아프리카 국가에 종속이론을 적용함으로써 종속이론을 더 정교화하였으며 월러스틴(Ⅰ. Wallerstein)은 오늘날 종속이론을 심화시키고 전파시키는 데 큰 역할을 하였다. 월러스틴에 의하면 세계체제는 세 종류의 국가로 이루어져 있는데 서구의 소수 중심부 국가와 1차 생산물만 생산하는 주변부 국가, 그리고 중간에 위치하는 반주변부 국가로 되어 있다고 보았다.

다. 후기 종속이론

후기 종속이론에는 도스 산토스(T. Dos Santos)의 신종속이론(new dependency)과, 에반스(P. Evans)와 까르도소(F. H. Cardoso), 팔레토(E. Faletto)의 종속적 발전론(dependent development)이 있다.

특히 종속적 발전론은 초기 종속이론에 포함되어 있는 외부요인 결정론을 극복하고 내부적 요인과 외부적 요인 간의 결합이 발전의 조건을 형성한다는 점을 강조한다. 초기 종속론이 제3세계의 저발전의 원인을 세계 자본주의 체제에의 편입에서 구함으로써 내부적 현상의 설명에 외부적 요인을 강조해서, 외부적 요인을 단순한 외부적 상황이 아닌 '결정요인'으로 파악하였다. 즉, 내부 사회의 형태, 제국주의에 대한 반작용, 내부 사회의 정치적 동태 및 대안의 시도 등은 고려되지 않았다. 그러나 브라질의 경우 자본의 축적이 고전적 종속 상황과 매우 다르다고 주장하였는데, 자본 축적을 통해 상당한 공업화가 이루어졌고 보다 복잡한 내부적 분업과 생산성의 증가가 나타났는데 이러한 현상을 종속적 발전이라고 하였다. 즉, 과거와의 완전한 단절이 아니라 고전적 종속의 모순이 아직도 많이 남아 있지만, 토착자본과 국제자본, 국가자본이라는 3자 연합이 발전을 이루었다고 하는 개념이다.

또한 까르도소와 팔레토는 역사적-구조적 분석을 강조하면서 피지배 사회의 발전동인이 되는 사회적 갈등과 경제적, 정치적, 사회적 관계들을 설명 모형에서 제외시킴으로써 역사를 지나치게 단순화시키는 잘못을 하지 말아야 한다고 주장했다. 종속의 형태는 국가마다, 시대마다 상당히 다르며, 노동계급과 자본가계급의 크기와 유형, 중간계급의 크기와 유형, 관료제의 비중, 군대의 역할, 국가의 형태, 사회운동의 바탕이 되는 이데올로기 등에 따라 다르다고 하였다.

라. 종속이론의 공통된 접근 방법

종속이론은 다음과 같은 공통된 접근 방법을 취하고 있다. 첫째로 이들은 역사적 접근 방법을 강조하는데, 오늘날 세계 각국의 발전과 저발전의 역사성을 강조하고 그 원인을 세계 발전의 역사적 계기에서 찾고자 하는 것이다. 이들은 근대화 이론이 발전된 국가와 그렇지 못한 국가 간의 횡단적 비교를 통하여 거기서 나타난 차이를 발전 혹은 저발전의 원인으로 규정함으로써 몰역사적이라고 비판하고, 종속이론은 근대 이후의 세계사의 발전과정 속에서 그 원인을 찾으려 하였다.

따라서 발전과 저발전을 서로 분리된 현상으로 보지 않고 세계 자본주의 체제의 전개라는 동일한 역사적 과정의 상이한 두 측면으로 보는 것으로, 근대화 이론이 발전과 저발전을 어떤 '상태'로 파악한 것과 달리 이들은 '과정'으로 파악하였다. 또한 전파론의 발전모형이 특수한 사회에서 존재했던 조건을 일반적인 목표로 제시한 것이 몰역사적이라고 비판하였다. 결국, 현재의 발전과 저발전의 원인을 과거로부터 지속되어 온 역사적 과정에서 찾고 나아가서 저발전국의 발전 목표 및 전략도 역사발전의 법칙 속에서 찾아야 한다는 점을 강조하고 있다.

둘째로는, 분석 단위를 확장하였는데, 근대화 이론이 한 사회의 발전과 저발전의 원인을 국내적 요인에 국한시킨 반면, 종속이론은 그 원인을 세계체제 또는 세계 자본주의 체제라는 보다 큰 체제의 동태 속에서 찾고 있다. 이들은 국내적 요인보다 외부적 또는 국제적 요인을 보다 중시하고 있다. 이들은 나아가 국가 단위의 사회는 분석 단위로서 의미가 없고 하나의 통합된 세계만이 의미를 갖는다고 하였다.

3. 저발전의 해소에 관한 이론

1) 근대화 이론

가. 근대화 이론의 배경

근대화 이론은 2차세계대전 이후 동서 양대 진영으로 형성된 냉전체제를 배경으로 하고 있다. 서방 진영과 공산 진영은 제3세계 국가들을 자기편으로 끌어들이는 경쟁을 했는데, 근대화 이론은 이러한 제3세계의 당면 문제에 대한 서방측의 관심의 표현으로 시작된 것이다. 그들은 오늘날 발전된 서구 사회의 구조적 특성을 근대성으로, 덜 발전된 사회의 구조적 특성을 전통성으로 이분법적인 구분을 하고, 전통성을 가진 후진국은 오늘날의 선진국들이 과거에 밟았던 경로를 따라 근대성을 획득하므로 근대화가 이루어진다고 가정한 것이다(박재묵, 1984).

근대화의 개념에 대하여 노정현(1980)은, 근대화는 심리적, 지적, 인구통계적, 사회적, 경제적, 정치적 측면을 포함한 다차원적인 것이나, 근대화의 본질적 핵심을 경제적인 것이라고 말하고 있다. 즉, 근대화 현상은 안정적인 경제발전의 제도화를 뜻하는 것으로, 외부의 지원이 아닌 자체의 능력으로 높은 수준의 소득을 얻게 되는 것을 말한다. 또한, 근대화란 용어는 그 개념상 경제발전이란 용어와 동류에 속하지만, 그 범위가 보다 포괄적인 것으로서 기술적, 경제적, 생태적 제 변화가 사회 및 문화 체계의 전반에 파급되는 것으로, 물리적, 경제적 발전에서 시작하여 제도화를 거쳐 보다 광범한 사회적 및 문화적 근대화까지를 의미하고 있다.

또한 박정재(1971)는 근대화를 근대 국가가 갖추어야 할 여러 가지 자질을 갖추어 나가는 것이라고 설명하면서 산업구조 면에서의 공업화와 기계화, 정치·사회구조 면에서의 민주화와 시민사회화, 의식 구조면의 합리화와 자율화를 갖춰야 한다고 설명했다. 경제적인 면에서는 종속을 벗어나 민족 주체적 사상적 기초 위에서 베버(M.weber)의 근대 자본주의를 확립하고 피구(A. C. Pigou)의 후생경제를 함께 실현하는 것이라고 설명했다.

이처럼 근대화라는 용어는 다차원적인 것이지만 가장 중요한 것은 경제적인 것으로 가난한 저발전 국가에서 부유한 선진국으로 전환되는 것을 의미한다.

나. 근대화 이론의 내적 구성과 근대화의 과정

박재묵(1984)에 의하면 근대화 이론의 내적 구성은 매우 복잡하나 핵심적인 것은 크게 사회심리학적 이론과, 분화─통합의 이론,

유형변수적 접근 등으로 구분된다.

사회심리학적 이론은 헤이건(E. Hagen, 1962)과 맥클란드(D. McClel -land) 등이 주장한 대로 개인적 특성이 경제 성장의 원인이라는 이론과, 반대로 잉켈리스(A. Inkeles)와 스미스(D. H. Smith) 등이 주장한 대로 사회구조의 변화가 개인의 변화를 이루었다는 이론이 있다. 이들의 공통된 관심은 '개인적 근대성'이 근대화를 성공적으로 이루는 중요한 요소라는 짐이다.

분화-통합 이론은 파슨스(T. Parsons)와 스멜서(N. J. Smelser)로 대표되는 구조기능주의적 이론으로, 근대화는 사회의 구조와 기능의 분화(differentiation)와 통합(integration)에 의해 이루어진다고 설명하고 있다.

그리고 유형변수적 접근은 호셀리쯔(B. Hoselitz)로 대표되는 이론으로, 발전된 국가는 보편주의, 기능적 한정성(functional specificity), 성취지향, 개인주의, 감정중립성이 갖춰진 상태라는 것이다. 반면 덜 발전된 국가는 특수주의, 기능적 광범성(functional diffuseness), 귀속성, 집합주의 및 감정성의 특징이 있다고 주장하였다.

근대화의 과정에 대해 김경동(1979)은, 근대화 이론들이 한결같이 내세운 것은, 흔히 준거사회(reference society), 개척사회, 선진사회, 발전된 사회 등으로 불리는, 근대화를 일찍 시작한 나라들이 지녔던 어떤 두드러진 특징들을 추려내어, 근대화의 선행요건들(prerequisites)로 가정하고, 근대화의 대열에 뒤늦게 끼어 든 이른바 후진, 후속 사회들이 이와 같은 선행 요건들을 갖추어야 근대화가 된다는 주장이라고 했다.

이들은 근대화의 분석 단위를 민족 국가로 설정하고 변동의 요인을 내부적인 요인에 국한시켜서, 후진국이 덜 발전된 이유는 후진국 자체가 내부적으로 가진 전통적 요소가 근대화에 방해 요소가 된다고 하였다. 따라서 근대화는 선진국으로부터 가치, 태도, 제도, 기술, 자본 등이 전파(diffusion)됨으로써 이루어진다고 설명하고 있다.

이런 선행 요건들－또는 뒤집어서 장애 요인들(obstacle)－속에는 다양한 사회 문화적, 경제적, 정치적 및 심리적 요인들이 포함되는데, 후속 근대화 사회 제도나 문화 지향에 전통적인 것들이 지나치게 강하였기 때문에 그것이 장애 요소로 작용하였다는 것이다.

다. 근대화 이론의 분화

박재묵(1984)에 의하면, 근대화 이론에 가장 큰 영향을 끼친 고전 이론은, 근대 자본주의 정신의 뿌리가 되었던 기독교 개신교 윤리의 역할에 관한 막스 베버(Max Weber)의 이론이다. 후에 슘페터(P. Schumpeter)의 혁신론과 맥클란드(D. McClelland)의 성취동기(need achievement), 헤이건(E. Hagen)의 '창조적 인격' 등이 추가되었다.

〈표 2-1〉 학자별 근대화 요인

학 자	근대화 요인
맥클란드 (David McClelland)	· 성취동기
헤이건 (Everett Hagen)	· 창조적 인격
베버 (Max Weber)	· 근면과 절약, 청렴과 정직, 금욕과 자기 극복
미르달 (G. Myrdal)	· 효율, 근면, 규율, 검약, 시간엄수, 정직, 성실, 합리성 · 협동과 민첩성, 진취성, 독립성과 장기적 안목
틴버겐 (J. Tinbergen)	· 부에 대한 관심, 기술에 대한 관심, 장래에 대한 관심 · 위험성에 대한 도전, 불요불굴, 근면, 협동, 개방, 논리 및 능력
아담스미스 (Adam Smith)	· 합리성, 경쟁, 능률과 협동, 성실, 정직,
라이벤슈타인 (H. J. Leibenstein)	· 근로자나 기업가의 열성이나 기강
갈브레이드 (J. K. Galbraith)	· 각 계층 간의 경쟁, 견제력
길더 (G. Gilder)	· 자본가의 질, 창조성, 리더십
루이스 (A. Lewis)	· 경제 의지, 비효율적 관습 개선의 적극성, · 지식과 기술 습득 욕구, 소비 절약 의지, 무사 안일 타파
카나모리 히사오 (かなもり ひさお)	· 근로정신, 기업가 정신, 문제 해결 의욕
케인즈 (J. M. Keynes)	· 야성적 정신

헤이건은 자본 형성의 결과보다는 그러한 자본을 만드는 인간이 중요하다고 보았는데, 창조적 인격의 주요 내용은 창조성, 경험에

대한 개방성, 끊임없는 호기심, 자립심, 성취욕구 등을 들고 있다.

맥클란드는 경제발전의 주역을 기업가로 보고, 이윤 추구가 아니라 성취동기를 본질로 하는 기업가 정신을 중요하게 보았다. 즉, 기업가의 본질을 화폐에 대한 욕망이 아닌 성취욕구로 보았는데, 베버가 근대 서구 자본주의라는 독특한 역사적 현상을 설명하고자 한 것을, 맥클란드는 일반적인 명제로 만들려고 했다는 평가를 받고 있다. 이와 같이 여러 학자들이 제시한 근대화의 요인들을 정리하면 다음 <표 2-1>과 같다.

이것들을 종합하여 요약하면, '성취동기, 창조성, 합리성, 근면, 절약, 청렴, 정직, 금욕, 효율, 규율, 검소, 성실, 협동, 민첩성, 진취성, 독립성, 불요불굴, 경쟁, 능률, 자기극복, 시간엄수, 부에 대한 관심, 기술에 대한 관심, 장기적 안목, 위험성에 대한 도전, 근로자나 기업가의 열성이나 기강, 자본가의 질, 경제 의지, 비효율적 관습 개선의 적극성, 문제 해결 의욕, 야성적 정신'이라는 요소들을 얻을 수 있다.

라. 근대화 이론의 적용과 전환모델

서구의 근대화 이론을 근대화 도상 국가에 적용하는 것에 대하여 노정현(1980)은, 서구의 근대화 패러다임(paradigm)은 오늘날의 근대화 도상 국가들의 상황을 충분히 설명해 줄 수 없고, 이들 국가의 상황의 복잡성이 서방 선진국들의 경우보다 훨씬 심화되어서 이들을 위해서는 새로운 패러다임이 설정되어야 한다고 하였다. 그를 위해서는 이들의 역사적 환경이나 구조적 환경이 가지는 특이성이 인정되어야만 하며, 이들 국가의 근대화 엘리트들은 새롭고 독창적인 발전모델을 창안하여야만 할 것이다.

즉, 20세기의 근대화 도상 국가들은 환경이나 자원의 측면에서 과거 서구의 근대화 상황과 반대되는 형편에 처해 있다. 또한 역사적으로 볼 때 서방 세계의 발전 모형은, 발전의 기원을 민간 부문에 두고 있었으며, 근대화 현상은 대부분이 개개 기업가들의 노력의 결과로 니다난 것으로씨, 중앙의 통제나 지도가 없이 일빈대중 속에서부터 유발된 현상이었으며 자연 발생적이었다. 그러나 오늘날 근대화 도상의 국가들은 엘리트의 지도력에 의해, 그리고 서방 선진국의 선례를 모방함으로써 경제적, 정치적, 사회적, 심리적 근대화 과정을 한꺼번에 시도하고 있는 것이다.

이것이 바로 루이스(J. W. Lewis)가 말한 발전의 전환모델(inverse model of development)로서, 중앙에 집중되어 있는 근대화의 엘리트들에 의해 선진국의 조직 형태가 개발도상국에 이식된다는 것이다. 이러한 발전 모형은 서구의 경우와 달리, 중앙으로부터 관료제와 산업화의 제도들을 통해 하향적으로 파급되는 발전 형태인 것이다.

2) 인간자본론

가. 인간자본론의 개념

슐츠(1983)에 의하면, 한 나라의 국민 총생산액의 증가에는 토지, 노동, 자본 등의 투입 요소의 증가로는 설명할 수 없는 큰 부분이 존재하는데, 그것은 인간 자본(human capital)에 대한 투자에 의하여 생긴다고 하였다. 즉, 한 나라가 발전됨에 따라 인간 자본의 중요성은 다른 자본보다 더욱 커지는데, 미국의 경우 국가 수입의 거의 80%가 임금과 급료에서 거두어지고, 20% 정도가 여타의 실물 재산에서 거두어진다고 하였다. 그리고 인간 자본의 핵심에 대해서는 교육과 기술, 그리고 보건이라고 하였다.

또한 김형규(1995)는, 인간 자본이란 인간이 보유하고 있는 지식, 기술, 경험, 건강, 도덕성 등을 의미한다고 하였다. 이어서 인간 자본은 가정교육이나 학교교육, 사회교육뿐 아니라 온갖 경험이나 건강, 가치관, 의식구조 등에 의해 형성된다고 하였으며 근로자는 물론, 기술자, 전문지식인, 공무원 및 경영인, 학생, 가정주부 등 모두에게 해당된다고 하였다. 따라서 인간의 능력을 획득하기 위하여 투입되는 경비는 모두 투자 행위로 보고 있으며, 건강유지를 위한 경비도 인간 자본을 형성하는 투자로 간주하였다.

나. 인간 자본의 중요성

인간 자본의 중요성에 대해 슐츠(1983)는, 오늘날 자본은 실물 자본과 인간 자본을 합한 개념으로 파악하고 있으며, 선진국에서의 실물 자본은 총자본에서 한 작은 부분에 불과하고 인간 자본이 보다 많은 부분을 차지한다고 하였다. 따라서 인간 자본에 대한 투자는 실물 자본에 대한 투자보다 경제발전을 위하여 더 큰 공헌을 한다고 하였다.

이뿐 아니라, 인간 자본에 대한 투자는 소득의 공평한 분배를 위한 공공정책의 수단으로도 유용하다고 하였다. 총자본에서 인간 자본이 차지하는 비중이 크면 클수록 근로소득이 총소득에서 차지하는 비중도 커지는데, 근로소득은 재산소득보다는 훨씬 공평한 분배상을 보여주고 있으므로 인간 자본에 대한 투자를 높이는 것은 결국 개인 소득의 공평한 분배를 가져온다고 하였다

다. 인간 자본의 형성

인간 자본을 형성하는 내용에 대하여 김형규(1995)는, 인간 자본은 노동에 포함된 질적인 측면을 강조하는데, 노동자의 질적 측면은 교육 정도, 기술 수준, 건강 상태를 의미한다고 하였다. 어떤 노동자가 교육 수준이 높고 기술 수준이 높으며 건강 상태가 좋을수록 그러한 노동자는 더 많은 인간 자본을 가지고 있는 것으로, 그의 생산성은 증대되며 소득도 커지게 된다. 선진국 노동자와 후진국 노동자 사이에 생산성이 크게 차이가 나는 것은 자본, 장비의 차이보다는 노동자의 교육이나 지식, 기술 수준에서 차이가 나기 때문이다.

슐츠(1983)는, 인간 자본의 형성을 위한 투자에 포함될 수 있는 주요 항목으로 ① 초·중·고등 교육에 대한 지출, ② 직장에서의 현직 훈련, ③ 건강 증진을 위한 시설과 서비스, ④ 성인 교육 등을 들었다. 그리고 교육비용은 학비 등과 같은 직접 비용과, 교육을 받는 기간 동안 피교육자가 노동을 한다면 받았을 소득과 같은 간접 기회비용을 포함하였다. 또한 교육 투자는 어렸을 때 하는 것이

효율적이라고 보았는데, 나이 들어서보다 어릴 때의 시간 가치가 낮아서 시간적인 투자비용이 싸며, 교육 투자에서 오는 혜택을 더 오랫동안 받을 수 있기 때문이라고 하였다.

라. 인간자본론의 적용

슐츠(1983)는 국제 원조 기관이 저소득 국가에 할당하는 외국 원조는 인간 자본에의 투자, 즉 학교교육과 고등교육 신장에의 투자에 낮은 우선순위를 부여함으로써 원조의 기능을 크게 발휘하지 못하고 있다고 지적하였다.

또한 국내 문제에서 농민들에게 세제상의 혜택을 주는 것보다는 부족한 학교, 교육, 보건 등의 사회적 설비를 개선하는 것이 그들의 생활을 향상시키는 데 효과적이라고 하면서, 한 예로 쌀값이 비싸다고 농촌에 학교가 서고 유능한 교사가 부임하는 것이 아니라고 하였다.

인간자본론을 적용하는 데 있어서 슐츠는, 한국은 인간 자본의 축적에 큰 비교 우위를 가지고 있다고 하였다. 학교교육과 고등교육이 중남미 여러 나라들, 특히 중동, 아프리카의 대부분의 나라들과 비교하여 더 높은 평가를 받았으며, 보건과 교육에 있어서 한국은 비교 우위가 있다고 하였다. 한국은 천연자원이 매우 적으므로 이를 이용한 생산 특화와 국제 교역에는 비교 우위가 없고, 부존 경작지도 충분치 못하여 식량, 사료, 섬유 작물 등도 국제 경쟁 작물이 아니라고 하였다. 그 대신 풍부한 인적 자원, 즉 기업가를 포함하여 여러 분야의 노동자가 갖추고 있는 습득된 능력은 한국 경제의 미래를 약속하는 열쇠가 될 것이라고 하였다.

김형규(1995)는 결론적으로 경제발전은 경제 주체인 인간만이 만들어 내는 위대한 창조물이라고 하면서, 인간 자본에 대한 충분한 투자 없이는 오늘날의 장기적이고 지속적인 경제발전은 기대할 수 없다고 하였다. 그리고 교육이나 경험을 통하여 형성되는 건전한 정신적 자본인 인간 자본은 물질적 자본과 같이 즉각적으로 외국에서 차관하여 올 수 없고 우리들 내부에서 끊임없이 가구이 조달하여야 한다고 하였다.

4. 이론의 적용과 비판

1) 이론의 적용

가. 인구론적 측면에서 본 방글라데시의 인구문제

인구의 폭발은 방글라데시의 가난에 가장 큰 영향을 끼친 요인으로 보인다. 기하급수적으로 증가하는 인구는 방글라데시가 저발전에서 벗어나고자 하는 여타 노력도 무위로 돌아가게 하는 경향이 있다. 그러므로 인구 폭발에 대한 대책 없이는 방글라데시는 가난으로부터 벗어나기 불가능한 것으로 평가된다.

1997년을 기준으로 방글라데시의 총인구는 1억 2천 4백만 명이고, 인구 밀도는 제곱킬로미터당 861명에 이르고 있다. 인구로는 세계 8위이고 인구 밀도는 1위이다. 인구 성장률은 1980-94년 사이에 2.1%이고, 2000년에는 인구가 1억 3,000만 명에 이를 것으로 전망된다. 나이별로 보면 0-14세가 38%, 15-64세가 59%이며 65세 이상은 3%밖에 되지 않아서 다음 세대에도 인구는 크게 늘어날 것으로 전망된다. 그러나 이렇게 인구가 많고 밀도가 높아진 것은 그리 오래된 일이 아니다.

1901년의 인구는 2천 8백만으로 당시 한반도의 인구와 다를 바 없었다(<그림 2-2> 참조). 1951년에는 4천 4백만으로, 50년 동안 천육백만이 늘어났다. 10년마다 2-3백만의 인구 증가가 있었던 것이다. 그러나 1951년부터는 갑자기 10년마다 천오백만씩 늘어났다. 1951년에 4천 4백만이었던 인구는 1991년에 1억 천백만으로 40년 사이에 6천 5백만이 늘게 되었다.

〈그림 2-2〉 방글라데시의 인구 증가 추세

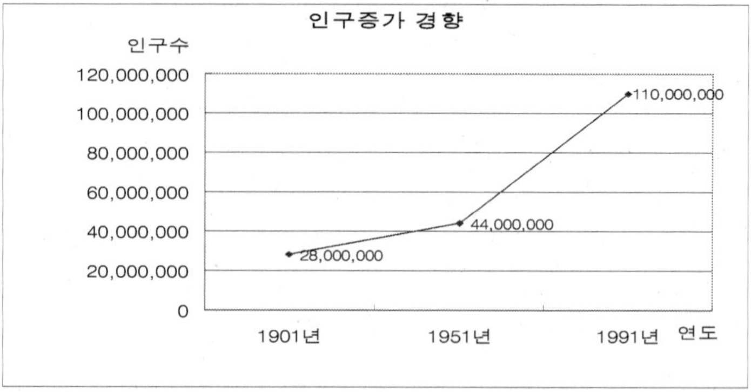

10년에 3백만씩 늘어나던 것이 갑자기 천오백만씩 늘어나게 된 까닭과 1950년이 그 분기점이 된 이유를 살펴보면 다음과 같다. 우선, 벽봉식(1987)에 의하면, 개도국의 국민 보건이 50년대 이후 현저하게 개선되므로 평균 수명이 늘어나고, 실질 생활수준의 향상과 보건의료 시설의 확충에 의해 유아 사망률이 급속하게 저하된 데 따른 결과라고 설명하고 있다.

또한 푼 등(Phoon et al., 1987)에 의하면 2차세계대진을 진후하여 페니실린과 항생제의 발견을 비롯한 과학적 발견과 의학의 진보는 영아 사망률을 급격하게 떨어뜨리고 심각한 전염병을 거의 제거하였는데, 그것은 인구 증가라는 새로운 문제를 야기하였다고 하였다.

다른 후진국들도 인구문제가 심하지만 방글라데시는 특히 정도가 심하다. 정부나 국제기구에서 산아제한을 통한 가족계획을 실시해 오고 있지만 큰 성과를 얻지 못하고 있다. 이러한 노력은 의식이 먼저 바뀌어야 하는데 쉬운 일이 아니어서 지금도 방글라데시인들의 출산율은 매우 높은 편이다.

인구통계적 전환이론에서 지적한 대로, 소득수준이 높아짐에 따라 사망률은 낮아지지만, 출산율은 몇십 년 뒤에 낮아진다는 것과 같은 결과를 보이고 있다. 더구나 소득수준이 높아져서가 아니라 외국의 원조와 의약품의 발전에 의해 사망률이 감소되었기 때문에, 인구 증가율이 낮아지는 일은 더 많은 시간이 소요될 것이다.

나. 근대화 이론과 방글라데시

우리나라에서 근대화론이 크게 관심을 모았던 것은 70-80년대이고, 근래에는 근대화론에 대한 연구는 거의 찾아볼 수 없게 되었다. 그것은 서구 학계의 관심이 딴 곳으로 쏠렸다는 이유 때문이기도 할 것이고, 우리의 형편이 크게 나아져서 이제는 근대화론을 우리에게 적용할 필요가 없어졌기 때문이기도 할 것이다. 이처럼 철 지난 제목인 근대화론을 다시 거론하는 것은 이제 우리가 방글라데시와 같은 근대화 도상국들에게 관심을 가지게 되었기 때문이다. 이제 세계화를 외치면서 세계로 진출하는 우리에게 다른 나라는 그저 시장으로만 보이는 것은 아니다. 과거 우리가 겪었던 것과 꼭 같은 고난을 지금도 당하고 있는 이웃들이 국경선 너머에 늘어서 있다. 그들을 향하여 다가가노라면 다시금 근대화론을 떠올리지 않을 수가 없다.

방글라데시는 지난 50년 동안 근대화 이론이 주로 적용되어 온 나라이다. 특히 전파이론에 바탕을 두고 서구 선진국의 기술과 제도를 받아들이려고 많은 노력을 기울여 왔다. 그러나 근대화 이론에서 중요한 근대화 선행 요건들에 대해서는 덜 강조되었던 특징을 보이고 있다. 이는 방글라데시에 진출한 개발 엔지오들의 활동 내용에서 볼 수 있는데, 이들의 활동은 주로 대부 사업과 보건 사업, 문맹 퇴치 사업 등에 중점을 두고 진행되었으며, 이러한 선행 요건들을 개발하는 일에는 큰 관심을 기울이지 않은 것을 볼 수 있다.

또한 전환모델도 방글라데시에서는 적용되지 않았는데, 그 이유는 인도에서 독립한 이후 20여 년간 다시 파키스탄의 지배와 저항의 과정을 겪어야 했고, 파키스탄에서 독립한 이후에도 여러 차례 쿠데타와 군부 지배로 인한 혼란 과정을 거치면서 국가적으로 관심을 집중하여 근대화의 과정을 추진할 수 없었던 데에 원인이 있다고 할 것이다.

다. 종속이론과 방글라데시

방글라데시는 독립 이전 인도의 일부로서 제국주의의 착취를 오랫동안 받아왔다. 백좌흠 등(1997)에 의하면 영국 통치의 경제적 영향 가운데 가장 큰 것은 인도의 전통 경제체제가 붕괴되고 식민 경제체제로 편입된 것이다. 전통 경제체제의 붕괴는 수 세기 동안 세계적인 명성을 떨쳐온 수공업의 몰락에서 시작되었다. 영국 제품이 물밀듯이 들어옴에 따라 인도 시장의 가장 큰 구매 세력이었던 토후 군주가 몰락하고 인도의 산업은 주저앉게 되었다. 결국 영국의 경제 수탈은 인도 산업화의 해체와 비정상적인 농업 중심의 산업구조 형성, 산업화된 영국의 원자재를 제공해 주는 농업 식민지로의 전락이라는 두 가지의 결과를 낳았다.

극심한 조세 수탈은 심지어 생산량의 2분의 1까지 달하였는데, 징수된 조세는 모두 인도 통치와 영국 본국에의 공물로 사용되고 그 가운데 많은 부분이 철도 부설에 투자되었으니 그것이 식민 착취를 위한 것이었음은 의심의 여지가 없다. 이로 인해 농업 기술의 개발은 불가능하였고 이는 세계적으로 농업의 근대화가 이루어지고 있던 것과 비교해 볼 때, 인도로서는 산업의 발달이 더욱더 불리하게 전개되어 결국 전 산업이 황폐화될 수밖에 없게 되었다.

영국 통치의 총체적 결과는 바로 빈곤과 기아였는데, 식민 착취 100년이 지난 19세기 후반부터 연속적인 대기근으로 나타났다. 19세기 후반에 접어들면서 인도인들은 대부분이 아사 직전에 달하였는데, 1860/61년 서부 웃따르 쁘라데시에서 2만 명이 사망하였고, 1865/66년 오릿사, 벵갈, 비하르, 마드라스 지역에서 200만 명이 사망하였다. 그 외 전 지역에서 인구의 3분의 1에서 4분의 1이 사망하였다. 이러한 기근과 아사는 계속되어 독립 직전인 1943년에는 벵갈에서만 300만이 죽었다.

독립 이후에도 방글라데시는 자신들의 주곡인 쌀 외에는 황마, 사탕수수, 차를 주로 생산하였다. 특히 황마와 차의 경우 거의 모두 원재료 상태로 수출되어 오고 있으며, 합성섬유의 발달로 황마의 수요가 급격히 줄어들면서 경제는 큰 타격을 받았다. 이에 따라 방글라데시는 선진국의 원조 없이는 지탱이 불가능할 정도의 빈곤과 기아선상에서 유지되어 오고 있다.

그러나 방글라데시의 경제 상황에 대해서는 종속이론에 근거한 논의가 별로 이루어지지 않은 특성을 보이고 있다. 그 원인은 분명하지 않지만 오히려 근대화 이론에 기반을 두고 서방 세계의 전파이론이 지속적으로 방글라데시에 적용되어 온 것 때문으로 볼 수 있다.

분명한 것은 오늘날의 방글라데시가 세계에서 가장 가난한 나라가 된 것에는 영국 식민지로 인한 수탈과 그로 인한 산업구조의 왜

곡 또는 파괴가 직접적이고 중요한 원인이 된 것은 부정할 수 없을 것이다. 단지 경제적인 면에서뿐만 아니라 사회 문화적인 면에서도 그 피해는 지대하다고 볼 수 있는데, 인더스 문명 이래로 찬란한 문화 전통을 이어온 것이 그 지배 기간을 통해 철저히 파괴되었음을 볼 수 있다.

2) 이론의 비판

이상에서는 저발전과 관련된 이론 중 몇 가지를 방글라데시의 현실에 적용시켜 보았다. 그러나 이런 이론들은 저발전과 관련된 사회 현상을 완전하게 설명하지 못하고 있어 다소의 비판을 받고 있는데, 이를 살펴보면, 다음과 같다.

우선, 인구론에 대해 제기되고 있는 비판은 다시 주창자에 따라 구분하여 살펴볼 수 있다. 첫째, 인구론 중 우선 멜더스의 이론에 대한 주요한 비판은 다음과 같은 세 가지로 요약될 수 있다. ① 인구 증가가 식량 증가를 앞지른다는 단정에 대해서는 그가 산업화에 대한 자세한 지식이 없이 고립된 농업 사회를 기초로 생각했기 때문에, 제조업의 수출로 많은 양의 원료를 수입할 수 있음과 기술의 진보가 생활수준을 오히려 높인다는 가능성을 몰랐기 때문이라고 비판하였다.

② 도덕적인 절제만이 예방책이 된다는 것을 비판하고, 인구 증가를 예방하는 여러 다른 방법을 채택한 대표적인 것이 네오멜더시

안이다. 이들은 도덕적인 방법 말고 피임을 선호하였다.

③ 인구 증가의 결과는 빈곤이라는 논리는 순환논리에 빠진다고 비판하였다. 멜더스가 노동자는 준비될 때까지 결혼을 미루어야 높은 수준의 삶을 얻게 된다고 하면서, 높은 수준의 삶을 얻기 전까지는 노동자들이 그런 절제를 할 수 없다고 주장한 것은 스스로 논리의 오류를 범한 것이라고 하며, 빈민법이 가난한 사람들을 비극으로 몰아갈 것이라 했지만, 그 법이 실시된 1801-1835년까지의 영국은 법 실시 전과 비교해서 높은 출산율이나 인구 증가를 보이지 않았다고 하였다.

둘째, 마르크스의 인구론은 다음과 같은 비판이 제기되고 있다. 인구 증가와 경제발전의 관계가 다르게 나타나는 상황에서 어떠한 정치적 방향을 찾도록 하는 지침이 없이 그저 순수 사회주의가 되면 인구문제는 없다고만 주장한다는 비판이 제기되고 있다. 기껏 사회주의 인구법은 자본주의 인구법과 정반대로서, 자본주의에서 높은 출산율이 사회주의에서는 낮으며, 자본주의에서는 유산시키는 것이 나쁘지만, 사회주의에서는 좋다고 주장하였다. 또한 많은 마르크스주의자들은 먼저 사회주의 혁명과 사회의 재조직이 되면 사람들이 출산율을 낮추도록 동기 부여가 될 것이라고 주장하였다.

그러나 사회주의 국가인 중국은 인구의 실제적 문제에 봉착하자 마르크스의 이론을 벗어나게 되었는데, 1953년 피임과 유산에 대한 제한을 풀어주었고, 1979년에는 인구 조절 계획이 필요하다고 시인하였다.

셋째, 인구통계적 전환이론에 대해 제기되고 있는 비판은 다음과 같다. 인구통계적 전환이론의 기본은 높은 사망률에 대한 반작용으로 높은 출산율이 생겼다는 것으로, 사망률이 낮아지면 출산율도 낮아질 것이라는 주장으로, 전환 기간 동안에 인구의 큰 증가가 있더라도 생활수준이 높아지므로 결과는 큰 문제가 없을 것이라고 보았다. 그러나 사망률은 감소하는데 출생률은 감소하지 않는다면 결과가 어떻게 될 것인가 하는 문제가 이 이론에 대한 비판으로, 이 이론은 자민족중심주의(ethnocentrism)적 이해로서 선진국에서 일어난 것들이 후진국에서도 그대로 일어날 것인가 하는 의문을 주고 있다.

다음으로, 근대화 이론에 대해 박재묵(1984)은 근대화 이론을 근대화 도상 국가에 적용하는 데에 다음과 같은 문제점을 지적하고 있다. 첫째, 근대화 이론은 서구 중심주의라는 특징을 보이고 있는데, 서구적인 것은 근대적이며 발전된 것이고 비서구적인 것은 전통적이며, 덜 발전된 것이라는 공식이 성립되었다. 이것은 근대화 과정에서 서구의 특수성이 보편성으로 이해되었고, 발전전략으로 서구와의 문화접변을 강조하여 근대화는 곧 서구화를 의미하게 되었다. 둘째로, 또 다른 문제점은 전통성과 근대성의 대립적 설정이다. 근대화는 곧 전통을 버리는 것으로 이해되었는데, 과연 전통성과 근대성은 상충되는가, 전통성은 근대성을 저해하는가 하는 점이다.

한편, 이에 대해 노정현(1980)은 여러 가지 점에서 일본의 근대화는 전통문화를 탈피한 것이 아니라 전통문화에 깊이 뿌리를 박고 있다고 하였다. 오히려 근대화가 진행되는 동안에도 전통문화에 뿌리를 둠으로써 사회 안정이 유지될 수 있었고 어떤 점에서는 더 공고해질 수 있었다고 하였다. 나아가 한국의 근대화 과정의 진정한 원천이 무엇인가 하는 점에 대해서는, 그것이 제도적 변화에 있다기보다는 오히려 개개인의 심리적 변화에 있다고 보았다. 가장 중요한 요인의 하나를 19세기 말엽에 있었던 기독교의 전입으로 보았는데, 기독교는 대중교육의 확대를 고무시켰고 민주주의 이념과 근대사상을 촉발시킴으로써 한국의 초기 근대화 노력에 대단히 중요한 의미를 가지는 토착적인 진보운동(실학파)을 뒷받침했다고 보았다. 그러나 한국적 근대화의 잠재력이 일본의 개입으로 와해되어 버려서, 그 후에 이루어진 한국의 근대화 노력은 전환모델의 속성을 가지게 되었다고 하였다.

Ⅲ.

방글라데시의 빈곤 현황과 개발 노력

1. 방글라데시의 지리적 위치와 역사

1) 지리적 위치와 자연환경

본 연구의 대상인 방글라데시에 대한 이해를 높이기 위해 본 절에서는 방글라데시의 지리적 위치와 역사 등을 살펴보고자 한다. 우선, 지리와 기후, 언어에 대해 먼저 살펴보고, 역사와 인종, 종교를 함께 묶어서 검토하여 보기로 한다. 이처럼 방글라데시의 관련 환경을 검토하는 것은 현재 방글라데시가 경험하고 있는 저발전에 대한 이해에 도움이 될 것으로 기대되기 때문이다.

먼저, 방글라데시의 공식적인 이름은 방글라데시 인민민주주의공화국(The people's republic of Bangladesh)으로 수도는 다까(Dhaka)이며 면적은 144,000Km^{2}이다. 인구는 97년 기준으로 1억 2천 4백만 명(Bangladesh Economic Review '97)이다. 위치는 북위 20~26도와 동경 88~93도에 이르며 인도의 동북부 지역에 자리를 잡고 있다. 최북단과 최남단 사이의 거리가 약 625km이고, 동서 길이는 약 305km가 된다. 해안선을 포함한 전체 국경선은 5,057km로 국토의 3면이 인도와 붙어 있고, 동남쪽으로 미얀마와 접해 있으며 남쪽은 벵갈만과 접하고 있다(<그림 3-1> 참조).

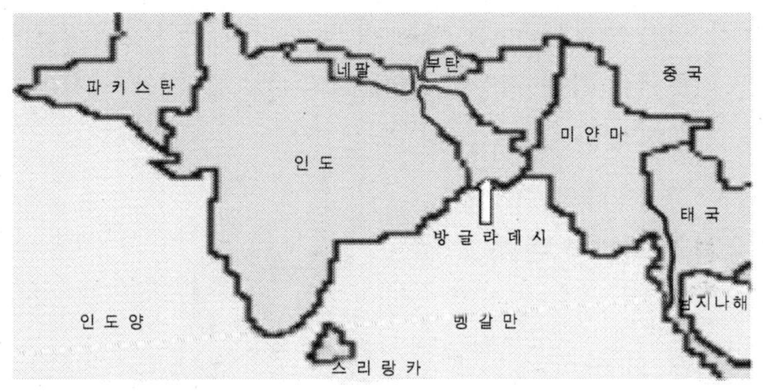

〈그림 3-1〉 서남아시아에서 방글라데시의 위치

국토는 히말라야 산맥에서 시작된 갠지스 강과 티베트에 원류를
두고 있는 조무나 강(또는 브라마뿌뜨라 강), 그리고 메그나 강이
만든 세계 최대의 델타 지역으로 하천이 전 국토의 10%에 달한다.
옛 충적층에 있는 소규모의 고지대를 제외하면 대부분의 땅은 평원
으로 대체로 해발고도 9m에도 미치지 못하는 평지이다. 국토의
90% 이상이 평지이며 호수·습지·늪지대가 많은 것도 중요한 지
형적 특색이라고 볼 수 있다.

기후는 덥고 습도가 높은 전형적인 아열대 몬순기후이며, 강우량
의 계절적 변화가 심해서 건기와 우기가 뚜렷한데 11월부터 3월까
지는 거의 비가 내리지 않고 6월에서 9월까지 집중적으로 비가 내
린다. 강우량은 대부분의 지역이 적어도 연간 2000밀리 이상의 강
우량을 기록하고 있다. 특히 북동부의 실렛 지역은 가장 많은 강수
량을 기록하는데, 연간 평균 3280-4780밀리에 달한다.

4~5월의 초여름과 우기가 끝나갈 무렵에는 벵갈만으로부터 시속 160km가 넘는 바람과 6m를 넘는 파고, 다량의 습기를 포함한 사이 클론을 비롯해서 강한 폭풍이 불어 닥쳐 방대한 해안 저지대가 침수되는 경우가 잦다.

2) 역사와 사회적 환경

가. 역사와 인종

방글라데시의 저발전에 대한 전반적 이해를 위해서는 인종과 고대사를 이해할 필요가 있을 것으로 생각된다. 먼저, 방글라데시인은 인더스 문명인의 후예로 알려져 있고, 황인종과 흑인종, 그리고 지중해족이라는 세 가지 종족의 혼혈로 이루어진 민족이라고 인정되고 있다. 이들은 인더스 문명이 끝날 무렵 유입된 아리안족의 지배를 받게 되었고 카스트상의 하위 계급으로 전락하여 3500년 동안 피지배계층으로 지내 왔다.

이렇게 오랜 세월 하층민으로 지배를 받은 사실과 그로 인해 형성된 문화는 방글라데시의 오늘의 저발전을 이해하는 데에 중요한 실마리를 제공해 준다. 끝까지 잘못을 시인하지 않는 태도라든지, 강한 자기 보호 본능 같은 행동은 이러한 배경을 알 때에만 이해가 가능하다.

또한 근대에 이르러 영국 식민지에서 독립하기 전까지 방글라데시는 인도 땅의 한 부분으로 역사를 같이 해 왔다. 1338년 벵갈 지방은 델리 지역의 술탄 왕조에서 분리되어 독립했으며 1576년에는 무굴 제국에게 정복되었다. 회교 왕조가 통치하던 이 기간을 거치며, 비회교도에 대한 인두세 부과와 함께 인간의 평등을 강조하는 회교의 가르침에 따라, 카스트 제도의 속박에서 벗어나기 위해 하층민들이 대규모로 회교로 개종하였다. 이들은 인도가 영국으로부터 독립할 때에 동파키스탄으로 이동하였고, 결국 오늘의 방글라데시를 이루게 되었다. 이처럼 하층민으로서 수천 년을 지낸 역사는 오늘날 방글라데시의 저발전과 깊은 관계가 있다고 본다.

한편, 1600년경 영국의 인도 경영이 시작된 이후 약 200년간 인도·벵갈은 영국의 식민지 지배를 받았다. 영국의 정책은 벵갈인들에게 많은 경제적 고통을 주었으며, 벵갈 지방의 수공업, 특히 모슬린 산업은 영국 기계로 만든 제품들이 도입되면서 큰 타격을 받았으며 대부분의 천연자원들이 영국으로 유출됐다.

1947년 영국이 인도 대륙에서 물러나면서 동벵갈은 이슬람 국가인 파키스탄의 일부로서 동파키스탄으로 독립했다. 그러나 서파키스탄의 차별 정책과 민족의 이질적 요소로 인한 갈등으로 독립 전쟁을 치르고 1971년 12월, 수도를 다까로 한 독립국 방글라데시가 수립됐다.

독립 이후 정치적 안정이 이루어지지 않아 두 차례의 쿠데타와 전직 대통령의 암살, 군부의 통치를 되풀이했으며, 1991년에 이르러서야 민간 정부가 들어섰으나 아직도 정치는 안정된 상태는 아니라고 볼 수 있다.

방글라데시의 언어는, 힌디어를 비롯하여 우르두어, 네팔어, 앗삼어 등과 같은 계통의 언어인 벵갈어를 국어로 하고 있다. 인도의 웨스트 벵갈주와 합해서 2억 정도의 모국어 인구가 있다. 현재 방글라데시는 벵갈어가 국어이자 공용어이며 극소수의 부족민들은 자기들의 언어를 쓰지만 벵갈어는 그들에게도 일상적으로 쓰이는 공용어이다. 따라서 방글라데시는 지역이나, 종족을 불문하고 벵갈어 하나로 통일되어 있다. 이것은 국가 발전이라는 면에서 중요한 하나의 기반을 갖춘 셈이다.

종교는 회교 인구가 약 90%, 힌두교 인구가 약 10%이며 1% 이하의 불교와 기독교 인구가 있다. 주종을 이루고 있는 회교는 힌두교의 전통과 사고방식을 많이 흡수해서 수피즘이라 불리는 인도식 회교가 되었다. 윤회사상까지는 아니지만 운명론이 회교에 포함되어 방글라데시인 전반적으로 매우 운명론적인 사고방식을 갖게 된 것도 저발전을 이해하는 데 중요한 요소가 된다.

또한 종교와 계급 간에 깊은 밀착 관계가 성립되어, 종교가 다른 사람들은 서로 왕래를 하지 않는 점도 중요한 요소이다. 종교에 따라 이름도 다르고 인사말도 다르며, 사는 동네도 달라서 같은 나라, 같은 지역에 살면서도 서로 격리된 생활을 하고 있고 내적 갈등을 일으키고 있다. 소수 종교인 힌두교인들은 사회생활에 적극적으로 참여하지 않으며, 만일의 경우 인도로 피난해야 한다는 부담을 가지고 사는 사람이 많이 있다. 또한 그들을 바라보는 회교인들은 그들을 인도의 앞잡이라고 보기도 하고 국가의 부를 유출한다고 비난하기도 한다.

나. 사회적 환경

방글라데시의 지방행정체계는 행정 및 지역별 특성에 따라 다까,

치타공, 라즈샤히, 쿨나, 보리샬, 실렛 등 6개의 비박(또는 디비전
(Division))으로 나누어져 있고, 그 아래에 64개의 젤라(Zela 또는
District), 489개의 타나(Thana), 4,451개의 유니온(Union) 및 59,990
개의 모우자(Mauzas)로 구성되어 있다(<그림 3-2> 참조).

교육은 1992년 의무 교육제가 실시되면서 법률로는 초등학교 5년
간 무상 의무교육을 규정하고 있지만 취학률은 63%에 그치고 있다.
이로 인해 문맹률이 76%에 이르고 있으며 노동력의 약 5%만이 고
등학교 이상의 과정을 거쳤다. 15세 이상의 경우 읽고 쓸 수 있는
사람의 수는 전체 인구의 38.1%이며 남자는 49.4%, 여자는 26.1%
이다(CIA, 2000).

<〈그림 3-2〉 방글라데시 전도

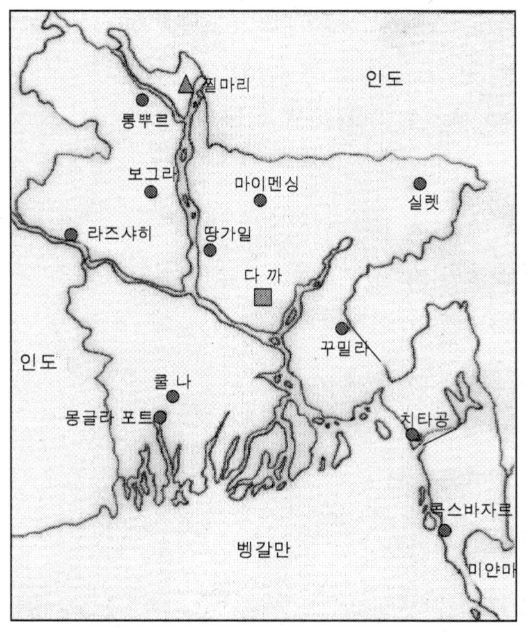

방글라데시는 독립 이후 특히 1980년대를 통해 보건의료 부문에
상당한 향상을 보였으나 대다수가 심각한 보건문제에 직면해 있는
농촌지역은 여전히 낙후상태를 벗어나지 못하고 있어 전염병 만연
에 영양실조, 불충분한 식수 처리, 안전한 식수 공급 부족 등이 심
화되고 있다.

전 인구의 약 1/3만이 1차 의료 서비스를 받을 수 있으며 전반적
인 보건의료 실태는 대단히 저조한 실정이다. 방글라데시의 유아 사
망률은 출생 수 1,000명당 90.6명으로 아시아 지역에서 캄보디아,

네팔 등과 함께 최저 수준에 머물고 있으며, 50% 이상이 만성적인 영양실조를 겪고 있는 5세 미만 어린이 사망률이 매년 총 사망자 수의 약 절반에 이르고 있다.

방글라데시 전체의 노동인구 중 66%가 농업에 종사하고 있다. 하지만, 농업의 점진적인 국내총생산(GDP) 점유율 하락에도 불구하고 아직까지 농업이 총 국내총생산의 29%를 차지하고 있어 농업, 특히 주식인 쌀농사의 풍작 여부가 국민 경제에 큰 부분을 자지한다. 산업 정책은 식량 자급을 목표로 농업 부문 및 농업 관계 공업 부문에 중점 투자하고, 의류 등 수출산업을 적극 육성하고 발굴하는 것이다. 그리고 국민의 기본적 수요를 충족시키기 위한 필수 소비재 생산 증대, 산업 입지의 분산을 통한 지역 간 균형 발전을 도모하고 있다.

방글라데시는 수출 주도의 시장 경제체제를 바탕으로 외국 투자 유치에 힘쓰면서 경제개발에 힘쓰고 있으나 수출 가능 품목이 봉제품, 냉동 어류, 주트(황마) 및 주트 제품, 가죽 제품, 차(Tea) 등 일부 품목에 국한되어 있어 수출의 획기적인 증가가 어렵다. 봉제품이 전체 수출의 57%, 주트제품이 9.2%, 냉동어류 및 새우가 8.8%, 피혁이 4.8%를 차지하고 있고, 주트 등 원료 수출은 대폭 낮아져서 3.5% 정도이다. 주요 수출국은 미국, 독일, 이탈리아 등이다.

그러나 수입은 국내 산업의 저조로 섬유 원부자재, 산업용 원부자재, 기계류 등 자본재와 중간재를 중심으로 계속 증가하고 있어 90년대에 들어서부터 무역 적자폭이 해마다 증가하고 있다. 주된 수입품은 석유, 섬유, 식량, 기계류, 철강 등이며 주된 수입국은 싱

가포르, 홍콩, 인도, 일본, 한국 등이다.

국제정세 변화 및 무역 자유화 추세에 따라 경제 원조 공여국들의 방글라데시에 대한 경제 지원 분위기가 쇠퇴하고 있는 가운데 '97년 11월 다까에서 개최된 원조그룹회의에서는 '97/98년 대방글라데시 원조액을 전년과 같은 수준인 19억 달러로 결정하였다. 아울러 차관 등 유상 원조에 대한 원리금 상환 압박이 가중되어 정부의 경제개발정책 추진에 걸림돌로 작용하고 있다. 또한, 정부 소유 기업의 민영화 추진 지체, 각종 프로젝트 추진의 효율성 결여, 경제정책의 난조, 국민의 경제개발 의욕 결여 등으로 경제발전이 원하는 만큼 진행되지 못하고 있다.

대부분의 지하자원은 빈약한 반면 천연가스는 매우 풍부한 매장량을 갖고 있으며, 상업용 1차 에너지 수급의 60% 이상을 차지할 정도로 주요 에너지의 하나이다. 현재 예상되는 천연가스의 매장량은 최소 6,230억㎥에서 최대 8,500억㎥로 추정되고 있으며, 확인된 매장량은 3,700억㎥이다(대외경제연구원, 1996).

2. 방글라데시의 빈곤 현황

1) 방글라데시의 빈곤 현황과 경제구조

가. 빈곤 현황

방글라데시는 세계 최빈국의 하나로 오랜 기간 동안 세계인들의 주목을 받아 왔다. 전체 인구의 약 2/3가 농업 활동에 종사하고 있는 농업 위주의 경제구조를 가지고 있으며, 방글라데시의 인구 밀도는 세계에서 가장 높다. 현재도 연 2% 이상의 인구 증가율을 보이고 있어서 매년 2백만의 인구가 늘고 있다. 더구나 5% 이내의 사람들이 소득의 80% 이상을 차지하고 있어서 국민 대다수가 절대적인 가난에 시달리고 있다.

국가별 생활수준을 살펴보면 <표 3-1>에서 보듯이 방글라데시는 93년 현재 일인당 국민소득이 220달러로서 태국의 10분의 1 수준이며 우리나라의 35분의 1 수준이다. 94년 기준으로 영아 사망률은 91명으로 태국의 3.4배이며, 우리나라의 11배에 이른다.

국내총생산(GDP)은 91/92년 228.2억 달러에서 96/97년에는 330억 달러로 연 성장률은 5.7%이고, 일인당 GDP는 91/92년 208달러에서 96/97년에는 276달러가 되었다. 외환보유고는 91/92년에 16억 달러였으며 98/99년에는 19억 달러가 되었다. 외채는 96/97년 현재 147억 달러가 있으며, 실업률은 1997년 현재 30.0%에 이르고 있다.

한편, 무역 수지는 '96년에 수출이 39억 달러, 수입이 69억 달러여서 무역 수지는 -30억 달러였으나, '97년에는 수출이 44억 달러, 수입이 71억 달러여서 무역 수지는 -27억 달러로 다소 감소하였다.

<표 3-1> 국가별 생활수준 비교

	방글라데시	인도	태국	필리핀	한국
인구(백만 명, 1993)	116	900	58	65	44
인구 밀도(명/Km^2)	867	303	115	221	446
인구 증가율(%, 1980-94)	2.1	2.1	1.6	2.2	1.1
영아 사망률(명/천 명, 1994)	91	79	27	44	8
유아 사망률(명/천 명, 1994)	117	119	32	57	9
평균수명(년, 남/여, 1993)	56/56	61/61	66/72	65/69	68/75
1인당 국민소득(달러, 1993)	220	300	2110	850	7660
국내총생산(백만 달러, 1993)	23,997	225,431	124,862	54,068	330,831

자료: UNDP, 1994.

아시아의 주요 국가들이 경제발전을 통해 경제적 여건이 개선되는 동안, 방글라데시의 경제적 여건은 어느 정도로 개선되었는지를 비교하여 보기로 한다. <그림 3-3>은 일인당 국민 소득의 변화를 나타내는 그래프로 1980년에서 1993년 사이에 한국은 1,490달러에서 7,660달러로 높아졌고, 태국도 2,000달러대로 높아진 반면 방글라데시는 여전히 200달러 선에 머물고 있음을 볼 수 있다.

<그림 3-4>는 영아 사망률의 변화로 방글라데시는 1980년의 천 명당 130명에서 1994년의 91명으로 낮아졌지만, 태국의 27명에 비

하면 아직도 훨씬 높은 수치를 보여주고 있다. 더구나 한국의 8명에 비하면 11배나 많은 아이들이 한 살 이전에 죽어 가고 있음을 알 수 있다.

<그림 3-3> 아시아 주요 국가의 1인당 국민 소득 추이

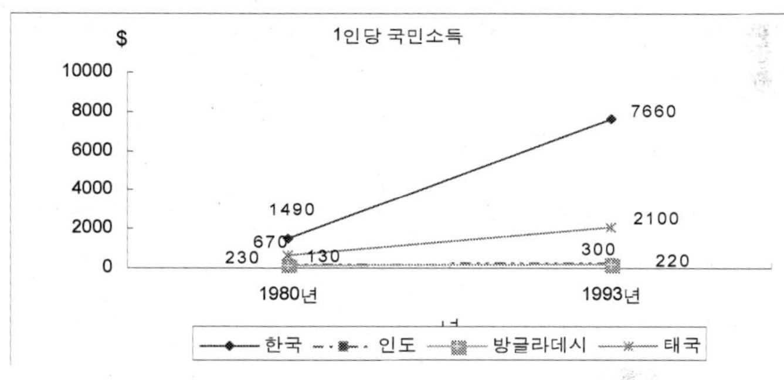

자료: UNDP, 1996.

<그림 3-4> 아시아 주요 국가의 영아 사망률 추이

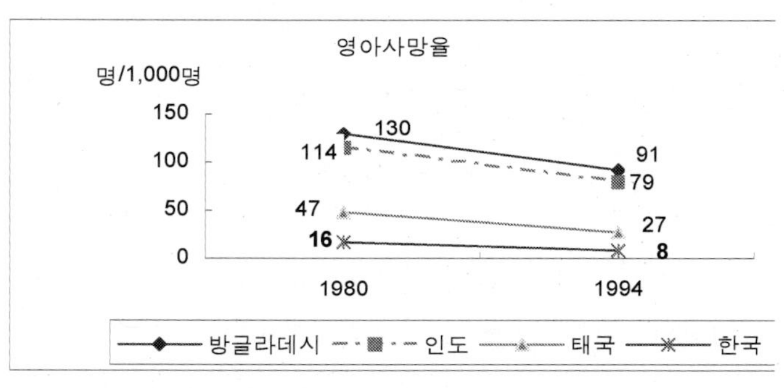

자료: UNDP, 1996.

생활수준을 살펴보면, 인구의 5% 정도에 불과한 소수의 부유층을 제외하고는 대부분이 빈곤 계층이어서 생활수준이 매우 열악하며 텔레비전, 전화, 전기, 자동차, 상하수도의 보급률도 극히 낮은 수준이다. 텔레비전 보급률의 경우 인구 1,000명당 5대, 라디오 보급률은 인구 1,000명당 44대, 전화 보급률은 인구 1,000명당 2대, 그리고 의사 수는 더욱 열악하여 인구 1,000명당 0.08명에 불과하다 (<그림 3-5> 참조).

〈그림 3-5〉 방글라데시의 인구 1,000인당 주요 사회지표

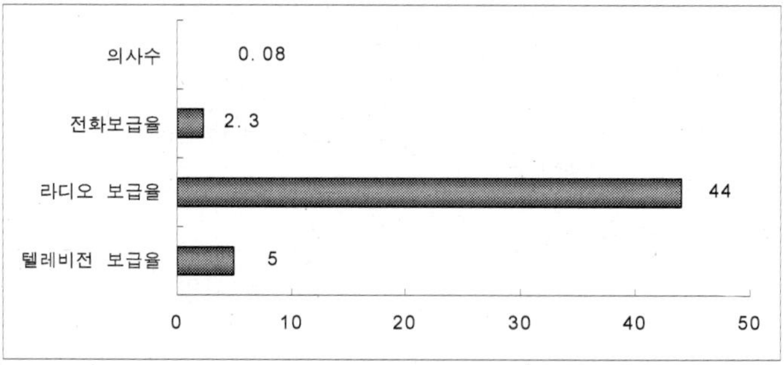

의사수   0.08
전화보급율   2.3
라디오 보급율   44
텔레비전 보급율   5
0   10   20   30   40   50

자료: UNDP, 1996.

나. 경제 및 산업구조

방글라데시의 경제구조를 살펴보면, 부유층이 전체 인구의 2%, 중상층 8%, 중하층 15%, 빈민층 75%로 구성되어 있어 구매력을 보유한 인구비율은 매우 취약한 편이다. 복잡한 법이 개인의 제조업

등 투자에 방해 요인으로 작용하고 있다. 연간 약 20억 달러 규모의 해외 원조와 해외 취업 노동자들의 송금에 의해 만성적인 무역 수지 적자를 일부 보완하고 있으며 재정의 약 60%를 동 기금에 의존하고 있다. 주요 개발 사업이 외국 자본을 주요 재원으로 하여 추진됨에 따라 독자적인 개발 사업의 추진은 곤란할 뿐 아니라 원조국의 영향력으로 인해 독자적인 경제개발은 어려운 실정이다.

시장 규모는 매년 높은 인구 증가로 확대되고 있지만 낮은 국민 소득으로 유효 수요 및 구매력은 미미하다. 다까, 치타공, 쿨나, 라즈샤히 등이 주요 상업 도시이나 다까 및 치타공에 대부분의 상업 활동이 집중되어 있다. 국가 기업체를 제외하고는 대규모 도·소매상이 없으며 대부분 가족 경영 형태로 소규모 영업을 하고 있다. 회교 국가로서 종교 의식이 소비 패턴에 깊은 영향을 미치고 있으며 내구소비재 시장 형성은 대도시를 제외하고는 어려운 형편이다. 소비 지출의 대부분이 식료품을 위주로 이루어지고 있으며, 이는 곧 높은 엥겔 지수와 상통한다. 공업화 진전에 따라 도시 인구가 증가하고 있지만 상당히 단조로운 증가율을 보이고 있으며, 이러한 이유들로 인해 대부분의 판매 행위는 소규모일 뿐만 아니라 품질보다는 가격에 좌우되는 저가지향형 특성을 보이고 있다.

한편, 산업부문별 특성을 살펴보면, 농업이 국내총생산의 35%(94/95 회계연도), 노동력의 2/3를 차지하는 기간산업이라고 볼 수 있다. 농업 분야는 고용 창출, 빈곤 완화, 인적 자원 개발, 식량 안보 문제에 중대 변수로 작용한다. 현 정부도 농업 부문 육성에 정책 최우선순위를 부여, 비옥한 토지를 바탕으로 한 집약적 다작농업 방식과 식량 자급자족 정책을 추진하고 있다. 그러나 농업 인프라 시설이 미비하여 있고 과잉 인구 및 홍수로 인한 잦은 생산 손실로 매년 곡물의 상당량을 수입하고 있는 실정이다.

다음으로, 제조업을 살펴보면, 공업화 부진으로 국내총생산의 11%의 비중을 차지하는 데 불과하다. 독립(72년) 이후 사회주의 이념 실현의 기치 아래 공업 시설 대부분을 국유화하였다. 지아울 로흐만 정권 이후 민간 부문 우대책과 함께 민영화를 추진하여 왔으나, 진척이 부진한 실정이다. 제조업에서는 농산물 가공업(황마, 설탕, 담배, 섬유 등)이 주종을 이루고 있으나, 최근에는 봉제 산업 등 비전통 부문의 성장 가속으로 공업 기반이 확대되고 있다. 방글라데시 정부는 최근 수출 주도에 의한 제조업 성장 정책을 강력히 추진하고 있다.

광업 및 에너지의 경우, 천연가스, 석회석, 고령토(China clay)를 제외한 나머지 광물 자원은 극히 빈약하다. 국내 생산 에너지의 95%를 차지하는 천연가스는 약 20조 입방피트가 매장된 것으로 추정되고 있다. 국내 생산 에너지원은 천연가스 및 석탄이며, 석유류 수입이 전체 에너지 수입의 85%를 차지하고 있다. 또한 방글라데시 정부는 벵갈만의 석유, 천연가스 개발을 위해 외국 석유 자본 유치에 노력하고 있다.

2) 빈곤 상황에 대한 참여 관찰

이상과 같이 방글라데시는 수치상으로 매우 빈곤한 나라라는 사실은 누구도 부인할 수 없는 사실이다. 그러나 연구자가 현장에서 관찰한 빈곤은 단지 수치로 표현된 것보다 훨씬 심각한 상황이다. 아래에서 보듯이 가난은 인간성을 마비시키고 인권을 박탈하며, 희망의 성장 여지를 없애고 있디. 그뿐만 아니라, 빈곤은 정상적인 가족 관계까지도 파괴하는데, 참여 관찰한 결과를 요약하여 제시하면 다음과 같다.

방글라데시에는 고아원이 많다는 것이 우선적으로 관찰되었다. 그러나 방글라데시의 고아원에서 생활하는 대부분의 아이들은 엄밀히 말해서 고아들이 아니라 적어도 어머니가 있거나 어떤 아이는 부모가 다 생존해 있다는 사실이다. 그럼에도 불구하고 경제적으로 생활 능력이 없어 굶주리다가 고아원으로 온 아이들이 대부분이며, 특히 어머니만 있는 경우는 경제적인 면에서 정말 고아와 다를 바가 없다.

왜냐하면 과부가 되었거나 이혼당한 여성들이 방글라데시에서 할 수 있는 일이 거의 없기 때문이다. 혹시 어떤 일자리를 구한다고 해도 그 수입은 극히 미미하고 아이들을 돌볼 시간도 없어서 아이들을 키울 수가 없다. 그래서 이혼당한 여성들은 아이들을 고아원에 맡겨 거기서 자라게 할 수밖에 없다.

따라서 수많은 아이들이 부모가 있거나 최소한 어머니가 있는데도 불구하고 고아원에 들어가 거기서 나이가 들어 일할 때까지 살아야 하는 것이 방글라데시의 빈곤으로 인해 나타난 결과이다. 이처럼 빈곤은 고아 아닌 고아를 만들고 정상적인 가족 관계까지도 파괴하는 결과를 낳고 있다.

또한 방글라데시에서 빈곤은 인간의 가장 기본권인 인권까지도 박탈하는데, 이하에서 이런 경우를 요약하면 다음과 같다.

방글라데시에서는 교통사고가 빈발한다는 점을 볼 수 있다. 비록 노후한 차량들이 대부분이지만 운전기사들은 운전대만 잡으면 고속으로 질주하는 것이 태반이다. 또한, 자동차의 고장으로, 또는 운전기사의 부주의나, 협소한 도로 사정 등 여러 요인에 의해 교통사고가 빈발하고 있다. 그러나 교통사고가 나서 부상을 당해도 응급차가 오지 않는다. 이것은 비상시의 연락도 불가능하고 응급차도 없기 때문으로, 사망자는 자연히 늘 수밖에 없는 실정이다.

병원까지 가게 되어도 환자가 워낙 많아서인지 환자를 사람같이 대하지 않는다는 점이다. 병원에서는 오물을 닦지도 않고 봉합해서 속이 썩기도 하고, 치료도 끝나지 않은 상태에서 퇴원시켜 다시 수술을 받아야 하는 경우도 빈발하고 있다.

또한 사람이 다치거나 사망을 해도 보상을 받기는 매우 어렵다는 점이다. 보상은 커녕 치료비도 받지 못해서 불구가 되는 것이 태반이며 사람이 사망을 해도 만 따까(현재 환율로 25만 원 정도) 정도의 보상을 받으면 매우 보상을 잘 받은 셈이 된다.

현재 방글라데시는 빈곤으로 인해 정상적인 인간관계나 이웃 간의 정까지 상실되고 있음을 볼 수 있는데, 이를 요약하면 다음과 같다.

첫째, 빈곤이 심해지면서 인간성까지도 상실되고 있다는 점이다. 우리나라의 옛 속담에서 사흘 굶고 도둑질하지 않는 사람 없다는 말처럼 방글라데시에서는 도난 사고가 빈발하고 있다. 즉, 하계절이 되면 기온은 늘 35도를 넘고, 열대야 현상을 보일 때도 자주 있음에도 불구하고, 도둑이나 강도가 무서워서 잘 때는 꼭 창문을 닫아야 하는데, 선풍기조차도 없는 대부분의 시골 사람들은 더위 때문에 잠을 잘 수가 없다. 밤새 잠을 설친 사람들은 낮이 되어노 일할 힘을 잃고 만다는 점이다. 또한, 창에 쇠창살이 되어 있다고 해도 외출할 때는 창을 닫아야 하는데, 쇠창살 사이로 막대기를 넣어서 집 안에 둔 옷이나 물건들을 가져가기 때문이다.

둘째, 도시 지역과 농촌 지역을 불구하고 사람들 간의 관계가 모두 긴장된 상태라는 점이다. 구체적인 예를 들자면, 농촌 지역의 이웃사촌 사이인 하이달(약 34세)[8] 가족과 룻폴(약 28세) 가족 사이에 사소한 일로 일어난 다툼으로 한쪽 집에서는 괭이를, 다른 집에서는 도끼를 들고 나올 만큼 이웃 간에도 험악한 지경이 되었다. 다음날 사무실에 출근한 룻폴의 얼굴에는 옆집 사람에게 깨물린 잇자국이 크게 나 있었다.

셋째, 인심이 험하다는 사실도 지적하지 않을 수 없다. 인구는 기하급수적으로 증가하나, 토지와 식량은 자꾸 줄어들어, 생존 경쟁에서 살아남기 위해 다투게 되므로 서로 간에 긴장의 정도는 자연스럽게 높아질 수밖에 없다는 점은 일견 당연한 일일 수도 있다.

---

8) 방글라데시에서는 대부분의 사람이 나이를 모른다.

이상에서 볼 수 있듯이 방글라데시는 현재 심각한 빈곤의 질병을 앓고 있다. 그러나 더 큰 문제는 빈곤이 해결될 기미는 보이지 않고, 날이 지날수록 빈곤의 정도가 심해지고 있다는 점이다. 이것은 인구가 증가하는 것과 반비례해서 토지가 줄어들고 있으나 산업은 인구 증가를 감당할 만큼 빠르게 발전하지 않고 있기 때문이다.

한편, 피터 스토커(Stalker, 1994)는 방글라데시가 지금 심각한 갈림길에 서 있다고 주장한 바 있다. 즉, 가까운 장래에 큰 재난을 당할 것인지, 아니면 가난을 극복하고 발전할 것인지는 지금의 결단에 달려 있다고 경고하고 있다. 현재와 같은 식으로 인구가 늘어나고 교육이나 산업에 획기적인 변화가 없다면 20-30년 후에 심각한 기아 현상을 경험할 수도 있을 것으로 보인다.

3. 방글라데시에 대한 외국의 지원과 개발 노력

1) 방글라데시에 대한 외국의 지원과 연구

방글라데시는 거듭되는 홍수로 세계인의 주목을 받아 왔다. 방글라데시는 세계인의 뇌리 속에 빈곤국의 대명사로 각인되었고, 지난 50년 동안 여러 선진국으로부터 대단한 규모의 원조와 투자가 이루어져 왔다. 그동안 공식적·비공식적으로 원조된 총액은 알 수 없지만 다음 자료를 통해 그 일부는 이해할 수 있을 것으로 보인다.

<표 3-2>는 선진국들이 공식적으로 방글라데시에 원조한 것을 종합한 자료이므로 개별 단체를 통해 비공식적으로 원조된 것은 별도로 고려되어야 할 것이다. 이 표에서 알 수 있듯이 방글라데시에 대한 선진국의 개발 원조액은 1994년의 경우 17억 달러나 된다. 93년의 경우 13억 8천만 달러로 인구 규모가 방글라데시의 거의 열 배에 가까운 인도의 14억 5천만 달러와 비슷한 액수이며, 유엔의 지원금은 오히려 더 많기까지 하다. 이러한 액수는 필리핀이나 태국과 비교해도 훨씬 많은 것을 볼 수 있다. 특히 선진국의 개발 원조가 국민총생산(GNP)에서 차지하는 비율을 보면, 93년의 경우 5.4%, 94년에 6.8%나 되며, 그 비율은 인도나 태국의 열 배에 이르는 것을 볼 수 있다.

〈표 3-2〉 국가별 원조 수혜 현황 비교

		방글라데시	인 도	태 국	필리핀	한 국
ODA (백만 달러)	1993	1,384.4	1,459.0	611.1	1,486.8	-40.8
	1994	1,757.2	2,324.9	578.3	1,057.6	-113.5
1인당 ODA (달러)	1993	11.9	1.6	10.4	22.6	-
	1994	15.1	2.6	9.8	16.1	-
GNP에서 차지하는 비중(%)	1993	5.4	0.5	0.5	2.7	-0.01
	1994	6.8	0.9	0.5	1.9	-0.03
UN 지원금 (백만 달러)	1993	118.7	149.1	38.3	34.1	3.4
	1994	163.6	149.7	26.3	29.5	3.0

주) ODA: official development assistance
자료: UNDP, 1994.

방글라데시에는 현재 외국 원조에 의해 운영되는 비정부 국제 개발 단체(international NGO)가 600여 개 있으며 이들의 지원을 받는 국내 단체(local NGO)는 수를 헤아릴 수 없을 만큼 많다. 이들은 구호 사업뿐 아니라 교육, 도로 건설, 의료 및 보건, 기술 도입, 최신 장비 지원 및 자금 지원과 같이 다양한 활동을 왕성하게 하고 있다. 그들에게 지원되는 자금은 천문학적 액수로서 대표적인 한 단체인 쁘로시까의 경우 연 예산이 1억 달러에 이른다.

방글라데시에 대한 지원은 재정적인 원조뿐이 아니다. 방글라데시의 개발을 위해 선진국의 많은 학자들과 개발 담당자들이 시간과 노력을 쏟은 것을 볼 수 있다. 그들은 다양한 개발 사업을 실시하였으며, 그에 따른 많은 연구들이 이루어졌다. 어떤 이론은 방글라데시가 실험실이 되어서 개발되기도 했다. 유명한 '꾸밀라 사업'(Comilla Approach)이 그것으로 이 연구는 1956년에 시작되었는데 그 이후 방글라데시 개발 사업의 시금석이 되었다.

1970년대에는 종합 농촌 개발 사업(IRD; Integrated Rural Development)이 추진되었는데, 그 사업은 인구문제와 관련한 가족계획, 위생 보건 사업, 교육과 문맹 퇴치 사업 등으로 구성되어 있었지만 집중적인 관심은 소액 대부 사업으로 진행되었으며 연구도 그와 관련된 것이 주된 것이었다. 그러나 인구문제는 다른 것보다 중요하게 취급되어 가족계획에 관한 관심이 크게 나타났다(IRDP, 1974; Rushidan, 1977; Mohiuddin, 1978; Chowdhury, 1978; MCC, 1979).

1970년대 개발 사업과 연구의 주된 흐름은 확산이론(diffusion theory)에 뿌리를 두고, 종속이론은 거의 논의되지 않은 특징을 보이고 있다. 이것은 방글라데시에 대한 서방 선진국들의 강력한 원조와 관심이 종속이론이 발붙일 공간을 제공하지 않았던 때문으로 보인다. 또 다른 연구의 관심은 식량을 포함한 국제적인 원조가 방글라데시의 발전에 도움이 되지 못하고 오히려 방해가 된다고 하는 주장이었다. 특히 원조한 식량이 농촌의 가난한 사람들에게 제대로 전달되는가 하는 문제에 깊은 관심을 가지고 검토하고 있다(Scott, 1977; Payer, 1979; Collins, 1979; Susan, 1979; Isenman et al., 1975).

1980년대에 들어 와서는 연구의 관심이 기존의 연구 말고도 지하수 개발에 관한 것이 추가되었다. 겨울철 건기가 거의 6개월이나 지속되는 상황에서 지하수를 개발하여 농업 관개용수를 공급하고자 하는 연구와 활동이 강조된 시기였다. 이와 함께 농업 기술의 증대에 대한 관심도 높아진 시기이다(Elias, 1982; Aminul, 1982; Mohiuddin, 1984; Anjan, 1984; Atiq, 1985; Minhaj, 1989).

1990년대는 환경에 대한 관심, 여성에 대한 관심, 지속 가능성(농업과 엔지오)에 대한 관심, 인력 자원 개발에 대한 관심이 늘어난 시기이다. 그러나 여전히 엔지오들의 활동이 중심이며 그들의 관심인 소액 대부 사업이 연구의 주된 초점이다. 작은 그룹을 만들고 그들에게 대부를 하면 그들이 생산적인 활동을 해서 대부금을 회수할 수 있다는 논리로, 방글라데시 농촌의 저발전은 다른 어떤 것보다도 기본적인 재원이 없어서 일어난다는 이론이다(Atiq, 1990; Barkat, 1991; Larsimont, 1993; BARD, 1994; Chowdhury, 1999; WFP, 1996).

현재 방글라데시에는 월드뱅크(World Bank), 아시아개발은행과

유엔 산하 기구들 및 엔지오들이 활동을 하고 있으며 다양한 방면
에서 방글라데시의 개발과 사회교육에 대한 연구를 실시하고 있다
(Proshika, 1998; Motiur, 1994; Wood et al., 1997; Lovell, 1992;
Ruhul, 1997).

한편, 우리나라의 경우 방글라데시에 관한 연구는 거의 없고 투
자나 외교 관계에 관련된 현장 상황 보고서가 대부분이다. 국제 경
제 연구소, 농업 진흥 공사, 대한 무역 진흥공사, 대외경제정책연구
원 등에서 내놓은 자료가 대부분인데, 1970년대에 2건, 1980년대에
3건, 1990년대에 3건의 자료가 모두이다. 그 내용도 투자가이드, 방
글라데시 편람, 방글라데시의 경제와 사업 환경과 같은 자료일 뿐,
방글라데시에 대한 학술적인 접근이나 연구는 거의 없었다고 말할
수 있다.

방글라데시와 관련된 학술 연구는 한국에 진출한 방글라데시 근
로자들의 생활을 연구한 이욱정(1994)의 연구와, 방글라데시 국회의
사당 건물에 대한 건축학 연구로 우영선(1997)과 배병훈(1996)의
연구가 있다. 또한 한국 중소기업의 방글라데시 투자에 관한 연구로
장성희(1995)의 것이 있으며, 방글라데시 선교에 관한 연구로 이철
수(1998)와 한남용(1992)의 것이 있다.

그러나 한국이 방글라데시의 발전에 실질적으로 기여한 것은 적
지 않은 것으로 평가되고 있다. 1970년대 초부터 방글라데시에 진
출한 한국 기업은 불가능하다고 여기던 '조무나' 강 송전탑을 건설
하였다. 그 이후 전국적인 도로 건설, 곡물 저장 창고 건축, 발전소
및 변전소·비료 공장 건설 등에 주도적인 참여를 하였으며 최근에

106

는 숙원 사업이던 조무나 다목적 다리를 완공하였다. 또한 2차 산업의 불모지이던 방글라데시에 봉제 산업을 시작하여 현재 수출 주종 산업으로 육성한 것도 한국인의 공으로 평가되고 있다. 봉제 산업은 나아가 집 안에만 갇혀 있던 여성을 사회로 이끌어내어 사회 변혁의 물꼬를 트게 했다는 유엔의 평가를 받기도 했다. 또한 회사의 경영과 무역 기법도 기술과 함께 전수되고 있다.

한국의 방글라데시에 대한 또 다른 공헌은 현지에 진출한 한국인들의 근로 태도를 통해 방글라데시 엘리트들에게 동기 부여가 되고 있다는 점이다. 같은 후진국이었던 한국이 선진국으로 발전한 것에 대해 그들이 관심을 가지고 한국의 경험을 구체적으로 자신들의 정책에 반영하고 있음을 볼 수 있다.

또한 한국국제협력단(KOICA)을 통한 한국 정부의 방글라데시 발전 지원도 10년의 역사를 갖게 되었고, 방글라데시개발협회와 이웃사랑회 같은 민간단체도 방글라데시 개발에 중요하게 참여하고 있다. 이 밖에도 개인 차원에서 많은 인력들이 교육, 의료, 장애인 보호, 사회개발 등의 사업에 참여하고 있다.

한국에 진출한 방글라데시인들이 본국으로 송금하는 자본도 방글라데시의 발전에 매우 중요한 기초가 되고 있다. 쿠웨이트나 사우디 등지로도 많이 진출하지만, 한국에 진출한 사람들의 인건비가 훨씬 높은 수준이어서 한국으로의 취업이 늘 높은 인기를 얻고 있다. 이들이 보내는 자본은 가족들의 교육비와 사업비로 중요한 구실을 하고 있다.

그러나 이처럼 방글라데시에 대한 전 세계의 대규모 원조와 개발 노력, 지속적인 연구에도 불구하고 방글라데시는 여전히 저발전 상태에 머물고 있고 그 결과 심각한 가난에 시달리고 있다. 오히려 앞에서도 언급한 바와 같이, 빈곤이 해소될 기미가 보이지 않고 가까운 장래에 기아의 예견도 제시되고 있는 실정이다.

2) 정부와 엔지오의 개발 노력

가. 정부의 개발 노력

방글라데시는 파키스탄으로부터 분리·독립 전 3차례의 5개년 계획(1956년~70년)을 실시한 바 있으나 중앙정부의 차별 정책으로 결과는 부진했다. 독립 후 제1차에서 4차에 이르는 5개년 경제개발 계획을 실시했지만 석유 파동, 대홍수, 정치적 불안정, 공업 생산의 부진 등의 이유로 큰 성과를 얻지 못했다.

지금은 97/98 회계연도로부터 2000/2002 회계연도로까지의 5차 5개년 경제개발 계획이 진행되고 있다. 정부는 식량 자급을 목표로 농업 부문 및 농업 관련 공업 부문에 중점 투자하고 있고, 수출산업(의류, 완구 등) 적극 육성 및 발굴, 국민의 기본적 수요 충족을 위한 필요소비재 생산 증대, 산업입지의 분산을 통한 지역 간 균형 발전 도모를 위해 노력하고 있다.

1996년 6월 집권한 아와미당 정부는 개혁을 재개하기 위한 강력한 의지를 표명하였다. 이미 정부는 거시경제 안정 및 회복, 국영기업의 민영화, 프로젝트성 외국 원조 집행의 강화, 외국인 투자 유치의 강화 등을 위한 몇몇 조치들을 단행하였다. 특히 외국인 투자를 늘리기 위해 수상실 직속으로 투자청을 신설하여 외국인 투자자에게 원 스톱(one-stop) 서비스를 제공하고 있다. 또한 수출자유공단을 늘리고 외국인 전용공단도 신설하고 있다.

경제개발 5개년 계획에서의 부문별 투자계획을 보면, 56%는 민간 부문에, 44%는 공공 부문에 투자할 예정으로서 필요 자금 중 78%는 국내 자금을 활용(해외 근로자 송금 포함)하고, 나머지 22%는 외국 원조와 외국인 투자 유치로 충당할 계획이다. 같은 기간 중 농업 부문에 5%, 공업 부문에 14%, 가스(gas) 및 에너지 부문에 23%, 교육 분야에 6.5%, 보건 분야에 6.3%, 상업 분야에 7.9%, 교통 분야에 7.5%의 투자를 확대하는 것을 목표로 하고 있다.

최근 몇 년 동안 방글라데시는 통화관리의 강화, 민간투자 촉진, 국영기업의 민영화 등에 목표를 둔 구조개혁 프로그램을 실시하여 왔다. 결과적으로 1991/92년 회계연도부터 1993/94년 회계연도 기간 동안에는 물가상승률이 하락하고, 재정흑자 및 경상투자의 축소 등의 거시경제 및 사회발전 부분에서 일부 진전을 보였다. 그러나 이러한 개선에도 불구하고 1994/95년 회계연도에는 경제속도가 다소 약화되었다가 1995/96년 이후에는 지속적인 성장을 보였고, 물가상승률 또한 대체적으로 안정적이었다.

그러나 외국의 막대한 지원과 정부의 적극적인 저발전 타파 노력에도 불구하고 방글라데시의 저발전 해소가능성이 현재로서는 매우 미미하다. 이러한 배경에는 대부분의 원조 자금이 정부에 전달되지 않고 엔지오로 전달됨으로 인해 정부에서 집행할 예산이 부족한 것이 큰 원인이다. 방글라데시에서는 정부에 대한 원조 공여국의 불신으로 인해 직접 엔지오로 전달이 되고 그에 따라 일반적으로 정부에서 책임지고 추진하는 사업들이 대부분 엔지오에 의해 이루어지고 있다. 단지 시급한 가족계획과 보건 사업에 대해서는 국제 보건 기구가 정부를 통해 사업을 시행하고 있으며, 일부 다른 사업들에서는 정부와 엔지오가 협력 관계를 유지하여 사업을 진행하고 있다.

그러므로 방글라데시의 개발을 검토하기 위해서는 엔지오에 대해 자세히 살펴야 한다. 선진국들의 엔지오들이 인권과 환경 보호를 목표로 자원 봉사 형태로 활동하는 것과 달리, 방글라데시 엔지오는 외국에서 오는 원조를 받아서 구호와 개발을 집행하는 조직이다.

나. 엔지오의 개발 노력

방글라데시의 농촌 개발 사업은 거의 모두 엔지오들에게 맡겨져 있다고 해도 지나친 말이 아니다. 엔지오들은 농촌 개발과 관련하여 상상할 수 있는 모든 일을 한다. 농업 기술 보급에서부터 도로 확장, 제방 쌓기, 학교 건축, 교육사업, 문맹 퇴치, 보건사업, 여성 개발, 주택 개량, 식수 개선, 나무 심기, 소득원 개발, 화장실 보급, 신용 대부에 이르기까지 다양한 사업을 하고 있다. 일반적으로 다른 나라에서는 이러한 일들은 정부에서 추진하지만 방글라데시에서는 정부가 그런 힘과 기회를 갖지 못하고 있다.

이러한 사업은 제법 큰 규모의 재원이 있어야 하는데 이 재원은 지금까지 서방 선진국과 국제기구의 원조에 의존하였다. 그런데 원조를 제공하는 당사자들은 방글라데시 정부를 신뢰하지 않는다. 재정을 정직하게 사용할 것이라고도 믿지 않으며, 자금을 주면 그것으로 방글라데시 정부 자체로 발전을 이룰 능력이 있다고도 믿지 않는다. 물론 그 어느 누구도 입 밖에 이런 말을 내지는 않지만 오랜 세월 묵시적으로 인정되어 온 일이다. 아래의 사실은 이와 같은 것을 증명하는 한 예가 될 것이므로 살펴보기로 한다.

1995년 아시아개발은행(ADB)은 방글라데시에 차관을 제공할 계획을 추진하였다. 차관의 사용 목적은 기술 훈련을 확대하는 일이었고 규모도 상당히 큰 계획으로, 그 사업을 위해 아시아개발은행이 우선적으로 한 일은 미국의 00주립대학교 000연구소에 사업 기초 조사를 의뢰한 일이었다. 내용은 방글라데시에 산업 기술 훈련을 하려면 무슨 일에 어떻게 투자해야 하는지 조사·연구하는 것으로, 그것도 방글라데시 정부가 요청한 것이 아니고 아시아개발은행에서 요청한 것이다. 미국 대학의 연구소에서 와서 조사해 보고 방글라데시는 현재의 상황에서 어떤 일에 투자해야 한다고 진단을 내리면 그것을 신뢰해서 은행은 방글라데시 정부에 차관을 준다는 것이다.

그래서 미국 00대학의 교수들로 구성된 조사단이 와서 약 2개월 정도 조사를 실시했고, 정부는 조사단을 안내만 했다. 조사단은 방글라데시에 대해 아는 바가 없는 사람들이었지만 조사단이 내는 보고서에 따라 방글라데시에 필요한 사업을 결정하게 되고 차관도 보고서에 의해 결정이 된다. 방글라데시 정부는 자기들이 무엇을 하고 싶다고 할 수 없고 그저 미국 조사단이 판단해서 시키는 대로 할

수 있을 뿐이다. 물론 차관은 방글라데시 정부가 빌리는 돈이고 갚
는 것도 방글라데시 정부의 몫이다.

이러한 불신으로 인해 외국에서 오는 원조 자금은 대부분 엔지오
들을 통해 집행이 된다. 그러므로 엔지오들의 재정 규모는 매우 크
다. 1995년도에 어떤 엔지오는 소액 대부 사업에 1억 달러를 사용
했으며 다른 몇 개의 엔지오들도 그 정도의 재정 운영을 한다. 아
주 규모가 큰 대표적인 엔지오는 6, 7개 있다. 그들은 전국적인 조
직과 활동망을 가지고 있다. 브랙(BRAC)이라는 단체의 경우 직원
수가 5만 명이나 된다. 그라민 뱅크라는 단체는 전국의 군 단위마
다 똑같은 모양의 2층 벽돌 건물을 갖추고 있다.

이와 같이 방글라데시는 세계 어느 나라보다 더 많은 엔지오가
활동을 해 왔다. 그 사업의 결과에 대해서는 평가가 엇갈리고 있어
긍정적인 영향을 끼친 점도 인정되고 있지만, 투자된 돈에 비해 거
의 결과가 나타나지 않은 것도 주지의 사실이다. 여기서는 엔지오
활동이 확장된 배경과 과정을 살펴보고 그들의 성과를 살펴보았다.

3) 꾸밀라 농촌 개발 사업(Comilla approach)

방글라데시에는 1950년대 말에서 1960년대 중반까지 세계적으로
유명한 농촌 개발 사업이 실시되었던 꾸밀라라는 지역이 있다. 보통
'코밀라'라고 알려진 실제 지역 이름은 '꾸밀라'인데 수도 다까에서
남쪽으로 100킬로미터 정도 떨어진 곳에 위치하고 있다. 1956년에

사업 계획이 세워지면서 1959년에 본격적인 사업이 시작되었다. 사업장 이름은 '바아드'(BARD; Bangladesh academy of rural development)로서 '방글라데시 농촌 개발 연구원'이라고 해석이 가능하다. 당시는 방글라데시가 독립하기 전 동파키스탄으로 머물던 시절이라서 파아드(PARD; Pakistan academy of rural development)였으며 일반적으로 지역민들은 아카데미(Academy)라고 부른다.

바아드의 설립 목적은 방글라데시의 농촌 개발을 위한 모델을 수립하는 것이었다. 그래서 꾸밀라 타나(군)를 '실험 지역'(experimental area)으로 설정하고 마치 실험실에서 연구하듯이 그 지역 안에서 농촌 개발 실험을 실시했다. 이 지역에서 밝혀진 농촌 문제와 해결책, 개발 방식을 방글라데시의 다른 지역으로 확대시키는 것이 다음의 전략이었다. 이 사업은 형식상으로는 방글라데시 정부가 주관하였으나, 재원은 미국의 포드재단과 미국 정부의 원조 물자로 채워졌고, 실제적인 사업의 계획과 추진은 미국의 미시간 대학의 자문단에 의해 실시되었다.

방법은 농촌의 작은 마을 단위로 농민들을 조직하고 대표를 뽑은 뒤, 대표단의 회의에서 자기들의 문제점과 필요를 찾아내도록 유도한다. 대표들은 매주 실시되는 센터의 교육에 참가하여 그러한 기법을 배우고, 찾아낸 문제를 바탕으로 개발 계획을 제출하면 센터에서 평가한 다음 재정적인 지원을 해서 개발 사업을 추진하는 방식이었다. 마을을 분류하는 일부터 시작하여 농민을 조직하고 대표와 다른 임원을 뽑으며, 정규적인 회의를 실시하고, 저축을 실시하고 회계 장부를 기재하며, 계획서를 어떻게 작성하여 제출하고, 그것은 어떤 조직에서 어떻게 평가하며, 어떻게 지원될 것인가 하는 것들은 하나하나 미시간 대학교의 자문단에서 의해 교육되었다.

사업의 중점은 농민 조직(group)을 만드는 것으로 그들에게 새로운 농업 기술의 전파, 농기구와 농기계의 보급 확대, 저축과 대부 사업의 확대, 신용조합과 시장을 만드는 것 등으로 진행되었다. 센터에서는 사업의 설계와 실행을 뒷받침하고, 진행 보조를 하며, 전문가들을 외국에서 불러오는 일을 맡았다. 실제 사업에 참여한 사람들은 모두 공무원이었으며, 책임자는 '악따르 하미드 칸'이었다.

이 사업을 통해 개발된 것 가운데 가장 중요한 것은 농업 기술과 기계의 보급, 소액 대부이다. 이 사업의 목적이 방글라데시 농촌 개발의 모델을 개발하는 것이었던 만큼 이 사업에서 얻어진 방법들은 방글라데시의 다른 지역에 확대 적용되게 되었다. 지금 방글라데시에는 600개가 넘는 외국에서 재원을 지원받는 엔지오가 활동하고 있다. 그 밖에 로칼 엔지오라고 불리는 소규모의 엔지오들의 수는 그보다 훨씬 많을 것으로 추정된다.

이 엔지오들의 농촌 개발, 또는 가난을 퇴치하는 접근법은 모두 여기에서 개발된 방법이다. 특히 새로운 농업 기술의 전파, 농기구와 농기계의 보급 확대, 저축과 대부 사업의 확대, 신용조합과 시장을 만드는 것 가운데, 농업 기술 교육과 소액 대부 사업(마이크로크레딧)이 주된 활동으로 자리잡았다.

다음으로 꾸밀라 사업의 배경을 살펴보면, 이 사업은 2차세계대전 이후 미·소 양국을 중심으로 한 자본주의와 공산주의의 대립 상황에서 제3세계를 끌어안기 위해 실시한 미국의 원조 사업의 일환으로 실시되었다. 제3세계 국가들이 친사회주의적 성향을 띠게 되고, 아시아와 동유럽의 나라들이 하나씩 공산화됨에 따라 자본주의의 선두주자가 된 미국은 서둘러 이들 국가들에 대한 원조를 늘리기 시작하였다. 이들 원조는 정부 대 정부의 직접적인 재정이나 물자 지원도 있었지만 농촌 개발 사업이라는 방법을 통해서도 이루어졌다.

꾸밀라 사업이 시작될 때 아시아 지역에서는 파키스탄, 인도, 필리핀, 타이완, 일본, 타일랜드, 인도네시아, 말레이시아 등 여러 나라에서 비슷한 사업이 실시되었다. 파키스탄에만도 두 지역에 사업이 시작되었는데 서파키스탄에는 페샤와 지역에서 실시되었고 뒤에 방글라데시로 독립한 동파키스탄에서는 꾸밀라에서 실시되었다.

이 사업은 대상 국가의 정부가 운영하는 형식이었지만 필요한 재정이 미국의 지원에 전적으로 의존하고 있었기 때문에 운영 방법이나 기법, 정신도 거의 전적으로 미국의 관리하에 운영이 되었다. 꾸밀라 사업의 경우도 미시간 대학이 참여하여 계획, 운영하였고 프로그램에 필요한 재원은 포드재단과 미국 정부에서 지원을 했다. 결국 꾸밀라 사업은 냉전의 시작과 함께 제3세계 원조 사업의 일환으로 추진되었던 세계 여러 나라의 프로그램 가운데 하나로 그 가운데 괜찮은 결과를 얻은 경우로 평가된다.

미국이 제시한 방법은 적어도 미국에서 농촌 지도 사업에 적용했던 것일 것이며, 그들의 합리성에 근거한 선진기법이었으므로 말 그대로 실험실 안에서는 기대한 결과가 나왔을 것이다. 기대한 결과란 실험실이라는 조절된 환경에서만 진행된 것이므로 실험실 밖에서는 같은 결과가 나오지 않는 법이다. 결국 그 실험은 성공했지만 방글라데시는 여전히 최빈국이며 농촌 개발 사업도 꾸밀라에서조차도 후진적이다. 물론 방글라데시의 다른 지역보다는 선진 농법이 보급된 몇 가지가 있기는 하다.

또한 이 사업은 이론적으로 가장 이상적인 실험이었으리라고 평가된다. 한국의 새마을 운동보다 훨씬 체계적이고 조직적이었다. 아래에서부터 민주적이고 합리적인 절차를 거쳐 사업이 실시되는 이상적인 원칙을 가지고 있었다. 이러한 실험이 미국 정도 되는 나라에서도 실제 상황에서 적용이 가능한지 의심스럽다. 더구나 민도(民度)가 낮은 조건에서 방법론까지 미국인의 지시에 따라 수행해야 한다면 그것이 얼마나 지속될 수 있겠는지 의문의 여지는 많다.

꾸밀라 사업과 새마을 운동과의 차이는 새마을 운동은 자기 수준에 맞게 스스로의 손으로 계획, 추진된 것이었으나, 이 프로그램은 미국인 고문관이 초등학생 지도하듯이 하나하나 가르쳐야 가능했던 것이다. 그리고 이 사업에는 시설, 인원, 시간, 행정 등 어마어마한 투자가 이루어졌다. 이런 투자는 전국에 다 이루어지기는 어려울 것이다. 초등학생에게 고등 과제를 시키고 뒤에서 뒷받침하는 어려움과 투자에 비유할 만한 것이다.

꾸밀라 사업은 꾸밀라라는 실험 지역에서는 어느 정도 성공을 거둔 것으로 평가된다. 사업이 처음 시작된 지 40년이 지난 지금 꾸밀라는 방글라데시에서는 가장 발달한 농업의 모습을 보여주고 있다. 두드러진 모습은 네 가지 정도인데 높은 토지이용률과 채소 재배, 벼농사의 못자리 관리, 그리고 트랙터의 사용이다.

① 처음 꾸밀라 지역으로 가게 되면 방글라데시의 다른 지역과 달리 거의 언제나 들판에 곡식이 자라고 있는 것을 보게 된다. 일 년 내내 농사가 가능함에도 불구하고 대부분의 땅은 일 년에 한 번 정도 농사를 짓는 데 비해 꾸밀라 지역에는 거의 늘 농사가 이루어지고 있다.

② 또한 무, 양배추, 감자, 오이, 가지, 수박을 비롯한 채소들은 꾸밀라가 주 생산지가 되어 있다. 제일 큰 소비 시장인 '다까'까지는 직접 연결되는 도로가 있지만 시간적으로는 지금도 세 시간이 걸리고, 4, 5년 전 두 개의 큰 다리가 놓이기 전까지는 7, 8시간이 걸리는 곳으로 근교 농업 지역으로 불리기에는 멀리 떨어진 곳이다. 그럼에도 불구하고 이러한 농업이 자리잡은 것은 꾸밀라 개발 사업의 결과일 것이다.

③ 다른 지역에서는 2월에 모내기를 하기 위한 못자리를 대개 11월경에 하게 된다. 그 이유는 겨울 건기가 오래 되기 전, 그래도 어느 정도 물이 남아 있을 때 못자리를 하기 위해서이다. 결국 모는 3개월 이상을 못자리에서 지내게 되고 가뭄과 냉해로 인해 노랗게 말라버려 모내기를 한 곳을 멀리서 보면 푸른 기운이 전혀 없이 검게 말라버린 모습만 보이게 된다. 그것이 뿌리 내리고 속에서 새싹이 나오는 데는 다시 한 달 이상 걸린다.

그러나 꾸밀라 지역은 모를 푸르고 건강하게 키운다. 모내기 할 때도 모를 뽑은 다음 뜨거운 햇볕 아래 시장에 들고 나가 파느라 말리는 것을 볼 수 없다. 못자리 관리를 잘하는 것은 벼의 다수확에 절대적으로 중요한 일이다. 꾸밀라 남쪽에서도 꾸밀라 북쪽에서도 볼 수 없는 못자리 관리를 유독 꾸밀라에서만 볼 수 있는 것은 꾸밀라 사업의 결과라고 타 지역인들도 인정하는 바이다.

④ 꾸밀라 지역의 또 하나 특징은 트랙터를 많이 쓰는 점이다. 농기구는 다른 농촌 지역과 다를 바 없이 소가 끄는 쟁기와, 삽과 괭이 겸용인 꼬달(넓적한 괭이), 빠숀(손으로 미는 호미)이 거의 전부이다. 트랙터는 방글라데시 전국 어디를 가도 거의 한 대도 볼 수 없는데 이곳에는 많다. 트랙터에는 여러 농작업 기계가 부착되어야 하는데 여기서는 단지 짐 싣는 트레일러만 달려 있다. 흙을 실어 나르고, 벽돌을 실어 나르는 사업을 하는 사람들이 주로 사용한다. 트럭을 구입하는 것보다 경제적이기 때문에 언제부터 시작되었는지 꾸밀라에는 트랙터가 트럭의 역할을 하고 있다.

이처럼 꾸밀라 지역 농촌에 바아드가 끼친 영향은 크다고 평가된다. 그러나 꾸밀라가 다른 지역보다 잘 사는 이유는 다른 중요한 요인도 있다. 꾸밀라는 교통의 요지이다. 한국의 대전처럼 수도 다까와 최대 항구도시 치타공의 가운데에 위치하고 있는데 이 도로 양편은 방글라데시에서 가장 오래된 산업 중심 지역이다. 또한 부유한 지역인 노아칼리, 실렛, 짠뿌르 지역으로 통하는 길도 여기서 각각 갈라진다. 그리고 꾸밀라는 역사가 오랜 도시로 12세기 무렵 불교의 학교 유적지가 있는 곳으로 당시에도 교육의 중심이었던 곳으로 보인다. 이후 영국 식민지 시절에도 꾸밀라는 교육의 중심지로서 빅토리아 칼리지를 비롯한 유명한 학교들이 몰려 있다. 수도 다까를 빼고는 전국 제일의 교육 도시라고 평가되고 있으며 이에 따라 많은 인재가 배출된 지역이다.

그러나 꾸밀라에서 실시된 농촌 개발 실험 사업이 꾸밀라 농촌을 발전시켰음에도 불구하고 다른 지역으로 전파되지 못한 점은 무슨 이유인지 의문이 남는다. 이 실험에서 얻어진 방법에 기초해서 전국적으로 많은 단체들이 농촌 개발 사업을 실시해 왔음에도 불구하고 다른 지역에서는 왜 그러한 성과가 없는 것인지도 역시 의문 사항이다.

4) 소액 대부 사업(Micro-credit)과 그 성과

엔지오들은 위에서 언급했던 것처럼 다양한 활동을 하고 있고 단체마다 강조점을 두고 있는 사업이 조금씩 다르다. 그러나 모든 단체에 공통점이 하나 있는데 그것은 가난을 경감시킨다는 취지(poverty alleviation)와 그 방법으로 소액 대부 사업을 한다는 점이다. 그리고 거의 모든 단체에서 이것이 제일 중심된 사업으로 되어 있다. 다른 사업은 부수적으로 실시하고 거의 이 사업에 매달려 있다고 해도 과언이 아니다. 이 소액 대부 사업은 원래 미국 학자들의 머릿속에 있었던 것인지 아니면 꾸밀라 지역 실험을 통해서 확인된 것인지는 알 수 없지만 원조를 제공하는 자들의 적극적인 지지를 받으며 추진되어 오고 있다.

원조를 제공하는 입장에서는 단순한 구제나 교육에 비해 이 사업은 자본이 없어지지 않고 살아 있다는 면에서도 이 사업을 지지한다. 자본이 없어지지 않으면서도 가난을 경감시킬 수 있다는 것은 일거양득인 것이다. 그러므로 엔지오들은 원조 제공자들에게 이 사업의 성과를 잘 보이게 하는 데에 많은 노력을 한다.

소액 대부 사업은 작은 조직을 만드는 일에서부터 시작된다. 그룹(group)이라고 부르는 이 조직은 한 동네에 열 명 정도 되는 사람들로 구성이 된다. 남자들이 되기도 하고 요즘은 특히 여성 그룹이 강조되어 선호를 받고 있다. 이 그룹에서 먼저 두세 사람에게 2천 따까(5만 원)에서 4천 따까(10만 원) 정도 되는 자금을 융자해 주고 있다. 돈을 갚아가는 방식과 저축을 할 것들에 대한 약간의 오리엔테이션이 이루어진다.

그리고는 일 년 정도의 기한을 주고 매주 50따까나 100따까씩 갚아나가는 방식이다. 이 자금을 바탕으로 해서 닭을 키우든지, 채소 농사를 하든지 아니면 조그마한 장사를 하든지 해서 살림 밑천을 삼으라는 것이다. 그렇게 일이 진행되면 수입에서 매주 조금씩 갚아가고 일 년이 지나면 빌린 액수만큼 자기 재산이 쌓인다는 설명이다.

이 사업의 성과는 대부금 회수율로만 평가를 하고 있다. 대부금을 빌려준 일 년 사이에 대상자들의 자산이 얼마나 늘었고 그들의 월 소득이 얼마나 높아졌으며 그들의 사회적 지위가 어느 정도 높아졌다는 등의 보고서들이 있지만 이 보고서는 그들 스스로가 작성한 것을 제외하고는 찾아보기가 어렵다. 그저 우리에게는 대부금 회수율이 98%나 되므로 사업이 매우 성공적이라는 그들의 보고서만 유일한 평가서가 된다.

그러나 농민들 속에 들어가서 확인하는 사업성과는 이들의 보고서와 늘 일치하는 것이 아니다. 그들 스스로의 보고서에서도 언급한 것처럼 대부금 회수가 정말 생산적인 활동을 해서 거기서 얻은 소득에 의한 것인가 하는 문제이다. 대부금을 갚기 위해 다른 재산을 처분하지는 않았는지, 혹은 또 다른 빚을 지지는 않았는지 확인해 보아야 한다는 것이다. 실제로 찔마리 군의 한 농민은 다음과 같은 하소연을 했다.

엔지오에서 사람이 나와서 그룹을 만들면 돈을 빌려준다고 해서 그룹을 만들었고 대부를 받았다. 그런데 그 돈을 가지고 어떻게 하면 소득을 늘일 수 있을지 몰라서 가지고 있는 사이에 돈은 조금씩 급한 일에 지출이 되었고 결국 다 써버리고 말았다. 정해진 기한이 되면서부터 필드 워커(field worker ; 엔지오의 말단직원으로 대부금 융자와 회수의 책임을 진다.)는 매주 찾아와서 대부금 회수를 요구했지만 정규적으로 그만한 돈을 갚을 방법이 없었다. 끝내 기한이 다 찾을 때는 어쩔 수가 없었다. 자기 목숨을 걸고 대부금을 회수해야 하는 필드 워커의 압력에 할 수 없이 집에 있던 염소를 팔아서 대부금을 갚았다. 빌린 돈은 간 곳도 없고 염소 한 마리만 사라져 버렸다.

엔지오들은 자기들의 대부 사업으로 성공한 케이스를 여러 개 제시하면서 자기들의 사업이 성공적이라고 홍보하고 있다. 심지어 한국에서 경제위기로 국제통화기금(IMF)으로부터 구제 금융을 차관하고 난 뒤 한국의 어느 유명 일간지 기자는 그라민 뱅크의 활동을 소개하면서 그 단체가 한국에서 사업을 벌여야 할 것이라는 기사를 싣기까지 했다. 하지만 그들의 보고서와 설명만 참고하지 말고 현장에서 일어나고 있는 상황을 깊이 있게 검토하고 그에 따라 공정하고 객관적인 평가를 시도하여 보아야 할 것이다. 특히 그들은 몇 마리 닭을 키우고 텃밭에 채소를 길러서 융자금을 갚아 가는 여성들의 성공담을 주로 홍보하는데 남자들의 경우 거의 성공하기가 어렵기 때문이다.

소액 대부 사업이 성공하기 위해서는 기본적으로 해결되어야할 조건들이 있다. 첫째는 대부를 받은 사람들이 무엇을 해야 할지 찾지 못하는 점이고 경험이 없어서 용기를 내지 못하는 점이다. 의욕도 없고 자신감도 없으며 지식도 경험도 없다. 둘째는 정부 돈과 외국 돈은 공짜라는 관념이다. 새 정부가 들어서면서 은행에서 대출받은 돈 가운데 5천 따까 이하의 소액은 탕감해 주는 경우도 있어서 사람들의 이러한 생각은 더 깊어졌다. 그러므로 이들은 처음부터 갚아야 된다는 의식이 약하다.

5) 엔지오에 대한 평가

빈곤을 극복하거나 경감시키겠다는 의도로 실시되는 소액 대부 사업이 이처럼 오히려 그들에게 짐이 되는 상황이 되는 것은 기본적으로 정책 입안에 문제가 있다. 먼저는 빈곤의 원인을 단순히 기술이 없고 손에 자금이 없기 때문이라고 생각하기 때문이다. 그러므로 간단한 기술을 가르치고 손에 돈을 쥐어 주면 문제가 해결되리라고 믿는 단순한 낙관론을 그들은 가지고 있다. 더 중요한 문제는 실제로 농민들의 빈곤에 대해 원조 제공자나, 엔지오 책임자, 고위 정책 입안자들이 깊은 관심을 가지고 있지 않다는 점이다. 그들은 현장에는 오지 않고, 주민들이 어떻게 살고 있는지 무엇이 문제인지 몸으로 이해하려고 하지 않는다.

즉, 연구자가 처음 '찔마리' 지역을 사업 대상 지역으로 잡고 현지로 갔을 때 그 지역의 고위 공무원들은 그 사실을 믿으려고 하지 않았다. 외국인들은 시골에 온다고 해도 국내선 비행장에서 30분 거리 안에서만 살려고 하는데, 찔마리는 세 시간이나 떨어진 곳이며 전기도 없는 곳인데 찔마리에서 거주할 것인지에 의문을 가졌다. 거기서 일한 지 몇 년이 되었을 때 아시아개발은행에서 일하는 한국인 책임자가 그 근처에 현장 답사를 왔다가 우리를 만나게 되었다. 자금을 지원하고서 직접 현장까지 아무도 가보는 일이 없지만, 자신은 처음 약속한 대로 와서 확인을 했고 그 결과에 너무 실망했다고 했다. 이처럼 농민들의 가난의 현장에는 필드 워커들만이 가고 정책은 원조 제공자들의 책상과 엔지오 대표들의 에어컨 달린 방에서 이루어진다.

사실 원조 제공 국가의 담당자들에게 방글라데시 주민들의 가난은 중요한 문제가 아니다. 그들에게는 방글라데시에 얼마의 원조를 제공했다는 영수증만 필요할 뿐이다. 방글라데시라는 현장에 진출해 있는 외국인들은 매우 높은 액수의 보수를 받는다. 자기들의 본국에서 받는 보수보다도 더 많이 받아야 하기 때문에 방글라데시 사람들의 생활에 비하면 천문학적인 액수이다. 이들은 좋은 집과 시설을 필요로 하는 전문직 종사자들일 뿐이다. 이들은 세계에서 비싸기로 유명한 영국제 렌드로바 지프차를 선호한다.

엔지오 책임자들은 자기 민족에 관한 문제이기 때문에 원조 제공자들과는 생각이 다를 것이다. 그들은 자기 나라에서 가난이 없어지기를 진심으로 바랄 것이라고 생각한다. 그러나 그들은 방글라데시의 가난은 해결할 수 없는 문제라고 믿는 데에 문제가 있다. 자신들의 활동을 통해서 가난한 사람들에게 도움이 되고 가난의 어려움을 줄여 주고 있다고 믿지만 방글라데시의 가난 문제가 근본적으로 해결 가능한 것이라고는 믿지 못하는 경향이 있다. 그래서 그들은 자기들의 사업이나마 잘 유지되기를 바라는 차원에서 결정하게 된다.

엔지오는 원래 비영리 조직이었기 때문에 자체 소득이 전혀 없이 전액 외국 원조 자금에 의해 운영이 되었다. 그러므로 이들에게는 원조 제공자에게 제출하는 보고서가 가장 중요하며, 원조 제공자들에게 신뢰를 얻어서 자기들에게 제공되는 원조액이 줄어들지 않고 늘어나도록 하는 것이 그들의 과제일 뿐이다. 이에 따라 엔지오에 근무하는 직원들은 정책에 따라서 봉급 받고 일하는 직원일 뿐이다. 가난의 원인과 해결에 대한 이론은 자기들보다 훨씬 유명한 미국의 대학교수들이 제공하고, 원조 제공자나 엔지오 책임자도 그것을 인정해서 그 방향으로 사업을 추진하는 상황에서 직원들이야 그저 맡은 일을 충실하게 수행하고 있다.

농민들과 직접 만나는 사람들은 필드 워커(말 꼬르미, field worker)들이다. 이들은 자전거를 타고 시골을 다니며 농민들을 만나서 그룹을 만들고 대부를 결정하는 일을 한다. 또 하나 이들의 중요한 업무는 매주 정해진 액수의 대부금 회수를 하는 일이다. 이들은 초등학교나 중학교(high school, 10학년) 졸업 정도의 학력을 가진 사람들이며 봉급도 2-3천 따까 정도 되는 하급 직원이다. 이들은 위에서 시키는 대로 사람들을 모으고 돈을 주고 돈을 받는 일을 해서 봉급을 받고 있다. 가난 극복과 발전에 대한 정책을 수립하는 것은 상위직에서 하는 것이고 이들은 그저 지시만을 수행하고 있는 실정이다.

결국 빈곤에 대해 심각하게 여기는 사람이 아무도 없다. 그리고 천문학적인 원조 자금은 국가 차원에서의 종합적인 계획 없이 엔지오 단독의 정책에 따라 지출이 된다. 현지에 파견된 외국인들의 생활비와 활동비, 엔지오에 근무하는 고학력 인원들의 봉급, 전국적으로 자리 잡고 있는 엔지오 시설들과 부동산, 비싼 자동차, 컴퓨터, 에어컨을 비롯한 운영비, 고급 종이에 멋지게 인쇄된 보고서에 지출되는 돈을 비난하는 사람은 아무도 없는 실정이다. 정부 공무원이나 대학교수들은 가끔 자문 인력으로 위촉되어 보수를 받고 활동을 지원하므로 이들도 아무런 판단을 하지 않는다.

한편, 엔지오들에 제공된 돈은 언제부터인가 엔지오의 자산으로 쌓여 왔고 농민들에게 대출된 돈도 실제로는 모두 엔지오의 자산으로 남아 있다. 그 자금이 매년 순환되며 이자 소득까지 보태지고 있다. 비록 무담보 대출이지만 그들 스스로도 98%의 자금 회수율을 말하고 있으므로 손실되는 금액은 거의 없을 것으로 추정된다. 이와 더불어 매년 추가로 원조되는 액수는 그 자산 규모를 더욱 증대시키고 있다.

또한 엔지오들에는 많은 부동산이 축적되어 있어 다까 시내에는 수십 층짜리 엔지오 본부 건물들이 있다. 그러한 건물들은 선진국의 사무실에 비교해도 손색이 없을 정도의 시설을 갖추고 있다. 전국적으로 가지고 있는 토지와 건물을 생각하면 엔지오들의 부동산 규모가 얼마나 될지는 아무도 알 수가 없다. 꾸밀라 지역에는 한 엔지오가 운영하는 직원 훈련원이 있다. 그 시설을 지나칠 때마다 드는 생각은 이윤을 추구하는 기업체라면 저렇게 아름다운 건물을 과연 지을 수 있을까 하는 의문이다. 그 단체는 전국에 흩어진 사무실마다 독특한 건축미를 가진 멋진 건축을 하는 것으로 유명하다.

그런데 구소련이 무너진 뒤부터 외국 원조는 점진적으로 줄어들고 있다. 이것은 제3세계로 가던 원조 자금이 구소련과 동구권의 복구 사업 쪽으로 돌려지고 있기 때문으로 생각된다. 그래서 현재 엔지오들의 시급한 과제는 지속 가능한 사업이며 원조 제공자들도 이와 같은 주문을 하는지 엔지오들의 보고서마다 자기들의 사업의 지속 가능성(sustainability)을 강조하고 있다.

현재 엔지오들이 가진 자산이 많기 때문에 엔지오의 사업은 지속 가능할 것으로 생각된다. 그러나 예전처럼 쉽게 돈을 쓰지는 못할 것이므로 이제는 경영에 신경을 써야 할 것으로 보인다. 그래서 엔지오들 가운데 대표적인 한 엔지오는 이동 통신 사업에 진출했으며, 더구나 자기들은 엔지오라고 불리기보다는 은행이라고 칭해지길 원한다. 마침 '그라민 뱅크'(시골 은행이라는 뜻)라는 이름 덕을 보기도 한다. 원조 자금을 받아야 했을 때에는 엔지오라는 점을 부각했지만, 이제 자기들의 자산을 지키고 살아나가기 위해서는 은행이라고 불리는 것이 유익할 것으로 판단하기 때문으로 보인다.

그런 까닭인지 그라민 뱅크와 브랙(BRAC)이라는 두 엔지오는 얼마 전 엔지오 뷰로(NGO Beurou)라는 정부 기관에서 두 단체의 명의를 제외시켰다. 이것은 이제 엔지오로 남고 싶지 않다는 뜻으로 브랙은 백화점 사업을 확장하고 있다. 당초에는 소액 대부 사업 지역의 주민들이 만든 수공예품을 판매하던 것에서 시작하여 이제는 외국의 디자이너를 직접 고용하여 수준 높은 의복을 생산 판매하는 것까지 사업을 넓혔다. 새 지역에 백화점도 하나 새로 열었으며, 그들은 백화점 사업 외에도 우유 생산에도 참여하였다. 기존의 우유 생산 업체라고는 영세한 한 개의 기업밖에 없었는데, 브랙이 세운 '아롱 밀크'라는 상표의 우유는 시장 점유율을 쉽게 확대하고 있다.

엔지오가 일반 기업으로 전환하는 것은 어쩌면 바람직한 일인지도 모른다. 내로라하는 기업이 없는 상황에서 자금력이 탄탄하고 우수한 인력과 조직을 갖춘 엔지오가 직접 산업에 참여하는 것이 국가적인 차원에서는 좋은 기회일 수도 있다. 문제는 원조 자금을 지원 받던 이들이 치열한 생존 경쟁 현장에서 어떻게 살아남도록 체질을 바꿀 수 있는가 하는 점이다. 더 중요한 문제는 가난한 시골 사람들의 문제는 이제 누가 해결할 것인가 하는 점이다.

다음으로, 그 동안 방글라데시에서 엔지오가 전개한 활동을 평가하여 보면, 다음과 같다. 엔지오들의 활동은 원조 자금에 의해 실시되었다는 태생의 한계로 인해 방글라데시의 가난을 근본적으로 해결하는 데는 처음부터 한계가 있었다. 그래서 그들도 가난을 해결하는 것이 아니라 경감(poverty alleviation)시키는 것을 그들의 목표로 삼았다. 그 결과 그들 스스로는 성과가 크다고 평가하고 농민들은 성과가 없다고 평가하지만 긍정적인 몇 가지 성과는 확인할 수 있다.

하나는, 다른 어떤 기관이나 조직에 비해 엔지오는 일하는 태도가 성실하고 경영에 선진 기법이 도입되었다는 점이다. 이러한 점들이 장래 다른 분야에까지 파급된다면 발전에 크게 도움이 될 것이다. 다른 하나는, 여성 개방에 적극적이라는 점으로 일반적으로 여성들은 집 밖에도 내보내지 않으나 엔지오에 근무하는 여성은 오토바이나 자전거를 타고 현장을 다니며 교육을 실시하고 여성 계몽을 하고 있고, 사무실에 책임자의 자리에 있는 여성도 많다. 이처럼 여성을 깨우쳐서 사회로 불러내는 일에 대한 엔지오의 공헌은 높이 평가될 것이다.

그러나 반세기가 지난 지금 상황은 처음 당시의 상황보다 별로 나아진 것이 없다. 원조나 엔지오의 활동은 가난한 사람들이 굶어 죽지 않도록 돕는 역할만 해 온 것이라는 평가를 면하기 어렵다. 구제(relief)는 사람들을 더 의존적으로 만들 뿐 그들의 문제에 근본적인 열쇠가 될 수 없다고 말하며 소액 대부 사업으로 방향을 바꿨던 그들이 결국은 같은 결과만 유발한 것이다. 수십 년의 세월 동안 엄청난 금액과 인력, 시설, 시간 투자를 통한 결과는 너무 한정적이다.

혹자의 말처럼 굶주린 사람이 죽지 않을 정도로 연명시키는 것은 어쩌면 더 잔인할 수도 있을 것이다. 가난을 해결하고자 하는 책임감도 없이 가난의 원인에 대한 철저한 분석도 없이 원조 제공자나, 그것을 운영하던 사람들이나 모두 얼마씩의 이기심과 무관심이 쌓여 이런 결과를 유발한 것이다. 지금껏 투자된 돈과 인력이 제대로 된 분석과 계획 속에 수행되었다면 방글라데시는 이제 빈곤에서 탈피할 수도 있었을지도 모르나, 현재 방글라데시는 앞으로 더 극심한 빈곤에 처할 가능성도 있다.

4. 개발 사례: 찔마리 프로젝트

연구자가 방글라데시에서 진행하였던 농촌 개발 사업은 방글라데시 개발협회(KDAB; Korean Development Association in Bangladesh)의 6개 프로젝트 가운데 하나였다. 봉제 기술학교, 빈민촌 초등학교, 음악학교 등 세 프로젝트는 수도 다까에서 실시되있고, 의료 사업, 나환자 재활 사업과 함께 농촌 개발 사업은 찔마리라는 군 단위 지역에서 실시되었다.

찔마리는 방글라데시의 북쪽에 위치한 군 단위 지역이다. 방글라 어로는 찔마리 타나로서 꾸리그람 젤라(도)에 속해 있다. 찔마리 군은 면적이 55,588에이커이며, 6개 면으로 이루어져 있고, 전체 인구 104,749명 가운데 30%가 섬에 살고 있으며 문맹률이 85%에 이르고 있다. 전체 땅 가운데 38.6%가 강이며 22.4%는 낮은 지역, 24%는 중간 지역이며, 15%만이 높은 지역으로 우기 때 물에 잠기지 않는다.

찔마리는 수도인 다까로부터 400킬로 떨어져 있고 당시에는 조무나 강에 다리가 없어서 페리를 통해 강을 건너야 했기 때문에 교통이 매우 불편하고 산업이 발달하기에 어려운 여건인 지역이다. 더구나 바닷가 항구로부터는 더 멀리 떨어진 곳이다. 가장 가난한 지역으로 알려진 이유는 방글라데시에서 가장 큰 '조무나' 강이 흐르고 있어서 강으로 인한 토양 침식이 심한 곳이고 그로 인해 집과 토지를 잃어버린 사람들이 많았기 때문이다.

섬 지역의 경우 직업은 농사를 짓는 사람이 70.5%이며, 나머지 사람들은 억새를 베어 팔거나 물고기를 잡아 연명하고 있다. 가옥 형태는 주로 갈대 또는 볏짚으로 지은 초가집이 94.6%이며 나무나 함석 또는 벽돌로 지은 집은 매우 드문 부자에 속한다. 식수는 거의 강물이나 시냇물을 이용했지만 현재는 외국 기관에서 보급한 펌프를 사용하는 인구가 63.3%로서 펌프당 10가구가 사용하고 있다. 화장실은 시설 없이 노지를 이용하는 것이 38.2%, 구덩이 58.6%이며, 시멘트 관을 묻은 화장실이 1.2%, 기타 2.0%이다. 하루 식사 횟수는 63%가 하루 2끼, 2%는 하루 1끼로 나타났다.

<그림 3-6> 찔마리 타나

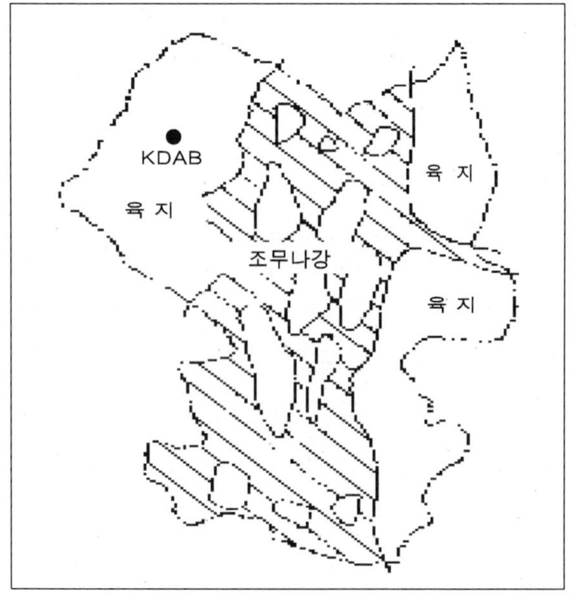

　의료 사업은 찔마리에서도 가장 가난한 섬 지역 사람들을 대상으로 이동 진료와 예방 접종, 영유아 관리, 임산부 관리, 보건 교육, 가족계획을 실시하였다. 나환자 재활 사업은, 나병 증세가 한국에서처럼 심하지 않고 네덜란드에서 운영하는 병원에서 무료로 치료를 해 주기 때문에 이들의 자활을 돕도록 계획, 추진되었다.

　농촌 개발 사업은 교육 훈련 사업, 시범 농장 사업, 초등학교 사업, 신용협동조합 사업 등으로 추진되었으며, 이 중 교육 훈련 사업은 가나안 농군학교 분교 사업으로 정신 교육과 기술 교육을 실시하였다. 3개월 과정의 청년지도자 교육이 주요 과정이었고, 3박 4일의 단기 과정도 보조적으로 실시되었다. 또한 무책임한 대부 사업으로 인해 자립 의식이 결핍되고 요행 의식과 상호 질시하는 경향을 해결하고자 신용협동조합을 실시하였다.

　정규적인 교육 과정 외에 일반 농민들을 위한 계몽 활동을 가끔 실시하였다. 이 프로그램은 시골 지역을 찾아다니며 그들의 사정을 듣고, 함께 의논하고 계획하며, 필요한 교육을 실시하는 일이었다. 시골을 찾아다니면 전국에 골고루 퍼져 있는 엔지오들의 소액 대부 사업 대상자들을 상당수 만나게 된다. 그들이 그 혜택을 받고 얼마나 발전하고 있는지, 그 사업이 어떤 어려움이 있는지 실제로 볼 수 있는 좋은 기회로 작용할 수 있다.

　농촌 개발 사업은 1990년 1월 3일 방글라데시 정부로부터 사업 승인을 받고 1990년 7월에 사업에 착수하여 1995년 6월 30일까지 연구자의 책임하에 1차 5개년 사업을 마치고, 2차 5개년 사업은 후임자에게 인계되었다. 그 동안 지역 조사 및 토지 구입, 건축 및 기반 시설 정비를 마치고 3개월 과정 훈련 10기를 마쳤다. 180명의 장기 교육생과 1000명에 이르는 단기 교육 수료생을 배출하였고, 지역 계몽 활동도 함께 실시하였다. 지역 신용협동조합을 실시하기에 앞서 직원 신용협동조합을 실시하였는데, 자산이 400만원[9]이 되면서 안정적으로 발전되고 있다.

---

9) 이 액수는 1995년 기준으로 대졸 직원의 4년치 봉급액에 해당한다.

IV.

연구의 결과와 분석

1. 방글라데시의 저발전 논의에 대한 비판

고대 세계 4대 문명의 하나였던 인더스 갠지스 문명은 적합한 자연 환경에서 풍족하게 생산된 농산물과 그 무역의 결과였다고 한다. 이와 마찬가지로 방글라데시인은 스스로 방글라데시가 세계에서 가장 비옥한 농토라고 자랑하고 있다. 이처럼 방글라데시는 농사에 아주 좋은 조건을 갖추고 있어 농업용수만 공급할 수 있다면 사막이 농사에 가장 적합하므로[10] 방글라데시의 겨울은 식물이 성장하는 데 아주 좋은 조건이라고 볼 수 있다. 겨울뿐만 아니라 방글라데시는 여름, 겨울 할 것 없이 농사에는 최적의 조건을 갖추고 있다.[11] 그러나 여름에는 덥고 비가 많아서 농사를 못하고 겨울에는 비가 오지 않아서 못 한다고 버려두는 사람들이 태반이다. 그러면서 방글라데시인들은 빈곤이 홍수를 비롯한 자연재해 때문이라고 변명하고 있다.

---

10) 식물은 물과 공기, 빛이 있으면 영양분을 생산하게 된다. 온도는 섭씨 35도 정도까지는 높을수록 좋고 빛은 강할수록 좋다. 그렇게 생산된 영양분은 밤에 뿌리나 열매로 이동되어 저장되는데 이때는 온도가 낮을수록 좋다. 온도가 낮처럼 높으면 호흡으로 영양분이 많이 소모되기 때문이다.

11) 예를 들면, 방글라데시에서 겨울에 자라는 감자는 세계 어느 나라의 것보다도 굵고 맛이 달다. 콩은 한국 같은 곳에서는 구경도 할 수 없을 만큼 많이 달리고 여름에는 벼의 자라는 속도가 한국보다 거의 두 배나 빠르다. 제대로 정성을 드려서 농사를 지으면 방글라데시에서는 일 년에 4모작도 할 수 있다.

어느 나라나 그렇듯이 방글라데시에도 자연재해가 있고 이로 인해 당하는 인적·물적 피해도 많다. 그러나 자연재해가 없는 나라도 없고 방글라데시만 자연재해가 특별히 많다고 할 수도 없다. 예를 들어, 네팔은 평지가 없어서 경사가 급한 산기슭에 밭을 일구어서 근근이 연명을 하고,[12] 아프리카의 많은 나라들은 가뭄 때문에 어려움을 당하고 있다. 어느 나라는 추위가 심해서 따뜻한 기간이 불과 몇 달 되지 않는 곳도 있고 우리나라의 경우는 산이 국토의 70%를 차지하고 있으며, 지진이 심한 나라도 있고 화산이 터지는 나라노 있다.

그런데 방글라데시는 히말라야 산맥과 벵갈만 사이에 위치해 있고, 전 국토가 거의 해수면 수준으로 낮은 까닭에 해마다 우기가 되면 국토의 많은 부분이 물에 잠기고, 거의 십 년에 한 번은 큰 홍수가 난다. 그때마다 세계 언론에서 대대적으로 보도를 하므로, 방글라데시 사람들은 홍수 때문에 빈곤하다고 일반적으로 믿는다.

그러나 방글라데시는 사실 홍수의 피해가 심하지 않다고 생각된다. 홍수라고 표현하는 방글라데시의 상황은 '침수'라고 하는 것이 더 정확한데, 급한 물살이 없고 그저 물이 천천히 차오를 뿐이다. 하루 20-30㎝씩 물이 차올라서 한 2주 정도 있다가 다시 조금씩 물이 빠지므로 홍수 때문에 생기는 재산 피해는 많지 않다고 평가된다. 우리나라의 경우, 겨울이면 눈이 많이 오는 지역이 있듯이 방글라데시에도 상습적 침수 지역이 있지만, 침수가 되는 시기나 침수

---

12) 네팔의 경우, 물 한 동이를 뜨기 위해 오전 내내 산을 내려갔다가 돌아오면 저녁이 된다는 말을 듣기도 한다.

정도가 늘 비슷하다. 그러므로 갑자기 당하는 재난이 아니다. 십 년에 한 번 정도 수량이 많아서 피해가 생기지만, 그런 재난은 나라마다 모양이나 정도가 다르지만 없는 나라가 없다.

방글라데시에는 우기가 가까워지면 침수('번나'라고 부른다)를 기다리는 사람들이 많다.13) 이것은 집집마다 거의 하나씩 있는 연못 때문으로, 연못은 물고기를 기르는 외에도 다양한 용도가 있다. 요즘은 식수로는 많이 쓰지 않지만 빨래하고 목욕하며, 소나 물소를 씻기고, 대변을 보고 손 씻는 물로 쓰이는 연못에는 전년 가을에 비가 그친 뒤 4, 5개월이 지나도록 한 번도 물을 대준 적이 없기 때문이다. 연못의 수량이 줄어들었을 뿐 아니라 온갖 유기물로 인해 녹조나 적조가 생겨서 색깔이 완전히 변해 버린 경우가 허다하다. 따라서 빨리 번나가 와서 연못의 물을 갈아주어야 하는데, 이대로 가면 피부병이 심해질 것이라는 우려가 방글라데시 사람들의 걱정이고 번나에 대한 기다림이다.

물론 번나가 나면 집이 물에 잠기는 사람들이 길가로 피난을 나오고, 도시의 하수도가 넘쳐서 먹을 물이 떨어지고 물가가 오른다. 이렇게 되면, 국회의원이나 장관들은 업무를 다 접어두고 쪽배에 구호품을 싣고는 수재민을 찾아다니게 된다. 저녁 뉴스에는 이러한 구호 장면으로 가득 차고 야당에서도 앞 다투어 카메라 앞에 얼굴을 내민다. 수상 집무실에는 수재민 구호 성금을 위해 외국 기업과 단체 대표들이 연이어 방문한다.

---

13) 번나를 기다리는 방글라데시인들의 마음은 "올해는 왜 이리 번나가 늦을까? 빨리 번나가 와야 연못 물을 갈아줄 텐데."로 표현된다.

그러나 일찌감치 집터를 높여서 집을 지은 사람들은 초가집이든 벽돌집이든 걱정 없이 일상생활을 한다. 걸어 다니던 것을 쪽배를 타는 것으로 바꾸었을 뿐으로 웬만한 집에는 우기에만 쓰는 배를 하나씩 가지고 있기 때문이다. 건기에는 물속에 가라앉혀 두었다가 우기가 되면 꺼내서 쓰는데 그러면 썩지 않기 때문이다.

방글라데시의 홍수는 잃는 것보다 얻는 것이 더 많다고 볼 수 있다. 그 이유는 많은 물이 몇 주 동안 멈춰 있으면, 상류에서 실려 온 진흙이 다 가라앉아 토양을 기름지게 할 뿐 아니라 그 물에는 부레 옥잠과 같은 물 위에서 자라는 풀이 무성하게 된다. 부도(浮稻, float rice)라고 불리는 벼는 침수에도 아랑곳하지 않고 물이 찰 때마다 한 마디씩 늘어나서 이삭과 잎을 물 밖으로 내놓는다. 물이 빠진 뒤에는 수 미터나 되는 부도 볏짚과 부레옥잠이 쌓이고 그것은 바로 전혀 손쓰지 않고 얻은 퇴비가 되어 땅을 시커먼 옥토로 만들게 되는 것이다.

그러므로 홍수 때문에 방글라데시가 빈곤하다고 주장하는 것은 사실을 바로 보지 못한 결과라고 생각된다. 외국인들이 자기 나라의 홍수가 급류를 동반하고 그에 따른 피해가 심한 것을 생각하고 방글라데시도 마찬가지로 간주하기 때문이다. 방글라데시는 침수가 정해진 지역에 정해진 시기에 정해진 양만큼 오는 것을 알면서도 집터를 높이지 않고 하수도를 관리하지 않은 결과일 뿐이다. 그렇게 되도록 방치하는 사람이 빈곤의 원인이지, 방글라데시의 침수가 빈곤의 원인이라고 볼 수는 없다고 판단된다.

한편, 제3세계 국가들이 열대, 아열대 지역에 주로 분포하고 있다고 하면서 더위가 사람들을 게을러지게 하여 빈곤할 수밖에 없다는 주장도 있다. 더위는 사람들을 힘들게 하고 더운 지방은 에너지 소모가 많아서 빨리 늙는 것이 사실이다. 그러나 빈곤한 후진국은 열대나 아열대 지역 말고도 중앙아시아와 동유럽 지역에도 넓게 분포하고 있다. 반면, 열대나 아열대 지역에 위치한 싱가포르, 대만, 말레이시아, 홍콩은 가난의 속박을 벗어났으므로 더운 기후 때문에 가난하다는 논리는 설득력이 없다고 생각된다. 이것은 기후가 빈곤의 절대적 요소가 아니라 사람이 중요한 요소임을 말하고 있다.

오히려 더위는 농사에 큰 도움이 된다고 생각된다. 이것은 많은 일조량과 높은 온도는 식물의 생장을 매우 왕성하게 하며 과일의 당도를 높여주는데, 방글라데시에서 나무가 일 년에 자라는 정도는 우리나라에서 4-5년 걸려야 자랄 정도이다. 뿐만 아니라 일 년 내내 농사가 가능하여 작부체계를 잘 세우면 일 년에 네 번 농사를 지을 수도 있는데, 건조하고 따뜻한 연초에 옥수수를 재배하고 비가 올 무렵에 모내기를 하면 따로 물을 대지 않고도 벼를 재배할 수 있다. 우기에 두 번 벼를 재배하고 늦가을에는 토마토나 감자, 엽채류를 재배할 수 있으므로 연 4모작이 가능한 것이다.

방글라데시에서 겨울 기온은 야간 최저기온이 영상 10도이고, 낮 기온은 25도이므로 식물 생장에는 최적의 조건이다. 겨울에 비가 오지 않는 것은 물을 구하는 데 비용이 든다는 문제도 되지만, 반대로 일조량이 높다는 유리한 조건도 된다. 하루 종일 구름 한 점 없이 햇볕이 쪼이면 광합성 능력은 매우 높아진다.

그러나 방글라데시의 겨울에는 사람들이 농사를 거의 짓지 않고 있는데, 물이 거의 들지 않는 유채나 밀을 약간 재배할 뿐이다. 지하수가 풍부하기 때문에 뜻만 있으면 물은 언제나 구할 수 있고 생산성도 무척 높다. 여름에는 물에 잠기는 지역이 많지만 겨울에는 어느 땅이나 다 경작이 가능하므로 겨울 농사만 제대로 지어도 경작 면적은 두 배로 늘어날 수 있다. 따라서 방글라데시의 저발전 원인은 기후가 아니고 사람의 생각과 정신이라고 볼 수밖에 없다.

2. 방글라데시 저발전에 대한 사회 문화적 요인 분석

1) 사회적 요인

가. 행정 체계의 취약

방글라데시는 행정의 체계가 없고 기초가 취약하여, 국가 차원에서의 인력 개발과 관리가 불가능하다. 그럼에도 불구하고 공무원을 위한 시설과 후생 경비는 방글라데시 형편에 비해 지나치게 많아서 발전에 장애가 되고 있다고 생각된다. 이를 요약하면, 아래와 같다.

(1) 瞑想 미비

방글라데시는 현재의 국경과 규모로 한 나라였던 역사가 없다.

인도에서 동파키스탄으로 분리되기 전까지 방글라데시는 인도의 한 주였지만, 실질적인 통치는 그보다 훨씬 작은 단위의 토호들에 의해 이루어졌다. 지금도 왕궁이라고 불리는 유적들이 있지만 규모가 얼마 되지 않는데, 그러한 유적이 방글라데시 안에 수십 개가 있다. 이처럼 방글라데시는 현재의 규모로 통치와 행정을 했던 역사가 없는데, 우리나라가 이미 통일 신라 시대에 전국적인 통치가 이루어진 것이나 조선시대에 호패제가 실시되었던 것과는 대조되는 모습이다.

방글라데시는 역사가 28년이라고 볼 수 있다. 즉, 인도에서 독립된 것이 1947년이지만 다시 서파키스탄의 식민지가 되었고, 전쟁을 거쳐 독립을 얻은 것이 1972년이므로 방글라데시의 나이는 이제 겨우 스물여덟 살이다. 그동안에 두 번의 쿠데타와 두 번의 국가원수 암살 사건이 있었고, 세 번의 군부 통치가 있었으며, 민선으로 정부가 수립된 것은 이번이 겨우 두 번째이고 그 기간은 아직 십 년도 되지 않는다.

따라서 국가 지도자들의 경험이 짧고 지도력이 부족할 수밖에 없다. 이것은 일본이나 한국의 근대화 과정에서 지도자들의 강한 지도력이 국민들의 힘을 하나로 묶었던 것과 대조되는 상황이다. 근대화의 전환모델 이론에서, 후발 근대화 국가는 엘리트의 지도력에 의해 종합적인 근대화 과정이 추진된다고 보았을 때 방글라데시는 이러한 지도력이 결핍되어 있다(노정현, 1980).

또한 행정은 영국식을 물려받았지만 체계화되어 있지 않다. 사무실마다 서류가 산더미 같이 쌓여 있고, 그 서류들의 분류가 제대로 되어 있지 않아서 어떤 서류를 찾으려면 한참을 뒤져야 하고 쉽게

분실되기도 한다.[14)

  그런데 대부분의 아시아에서 근래에 근대화를 이룩한 나라들마다 강한 지도력을 가진 지도자가 있었고, 그의 지도를 뒷받침한 훈련된 관료와 행정체계가 있다. 그러나 방글라데시는 현재 그러한 관료나 행정체계가 미비하기 때문에 저발전의 한 요인으로 작용하고 있다.

(2) 지방행정 체계의 취약

  방글라데시의 지방행정 체계는 '젤라'[15) 아래에 '타나'(군)가 있고, '타나' 아래에는 우리의 면에 해당하는 '유니온'이 있다. 젤라나 타나는 사무실도 있고 공무원이 업무를 담당하지만, 타나 아래의 유니온(면)에는 선출된 '유니온 체어맨'이 책임자이나 실제 행정 조직이 존재하고 있지 않다. 따라서 현재 방글라데시의 지방행정은 타나(군)까지만 이루어지고 있다.

  방글라데시에는 현재 호적이나 주민 등록 제도도 없는 실정인데, 호적이 없으니 출생 신고나 사망 신고도 하지 않는다. 그래서 자신의 신원을 증명해야 될 때는 면장(유니온 체어맨)에게 가서 증명서[16)를 발급받아야 한다. 면장도 무슨 자료에 근거해서 발급하는

---

14) 대표적인 예로 어느 도에서 자동차를 등록하면 그 자동차의 수명이 다할 때까지 차적을 옮길 수가 없다. 자동차를 다른 지역에 팔게 되어도 해마다 차량 등록을 하기 위해서는 원래 지역에 가야 가능하다.
15) 또는 디스트릭이라고도 하는데, 우리나라의 도보다 작은 단위로 64개 젤라가 있다.
16) 이는 '뽀리쪼이 뽀뜨로'라고 하는데 우리나라 말로는 '소개장'이라는 뜻이다.

것이 아니고 그저 안면을 통해, 또는 데리고 온 사람의 말을 듣고 소개장에 사인을 한다. 이 청년은 어느 동네 누구의 친척, 누구의 아들입니다 하는 말이 유일한 근거다.

이처럼 행정 기관에 개인에 대한 행정 자료가 없고 개인 소개장 말고는 어떠한 행정적인 활동도 개인에 대해서 이루어지는 것이 없다. 교육이나 보건, 세무, 국방 그 어느 종류의 일에 대해서도 그렇다. 그러므로 국가 차원에서 인력 관리를 할 수가 없다. 어느 지역에 취학 연령의 아동이 몇 명이 있는지 알 수 없으므로 그에 필요한 초등교육 정책을 세울 수도 없다.

특히 방글라데시처럼 자원이 없고 인력만 풍부한 나라에서는 굳이 인간자본론의 주장을 빌리지 않더라도 인력을 개발하는 일이 가장 중요한 일이다. 그러나 인력에 대한 기본적인 자료조차 아직 갖추지 못한 상황에서 국가는 인력 개발과 관리에 대해 할 수 있는 일이 없다.

(3) 방만한 공무원 관련 지출

1997년 겨울 한국이 국제통화기금(IMF)의 금융지원을 받는 사태가 발생하자 많은 기업과 공장들이 폐업을 하고, 실업률이 급증했다. 그런 상황에서 전체적인 감봉 조치는 있었지만 그래도 그나마 안전하게 일터를 지킬 수 있었던 사람들은 공무원들이었다. 그러자 취업 희망자들에게 공무원 선호도는 갑자기 높아졌고, 교사 생활을 하는 여성은 결혼 대상에서 으뜸이 되었다. 나라가 어려울수록 안정된 공무원이 되고 싶어 하는 것은 자연스런 흐름으로 보인다.

방글라데시같이 국가 경제가 취약한 형편에 다른 어느 기업이나 직장보다 지나치게 공무원에 대한 처우가 좋으면 사람들은 공무원으로 몰리게 된다.[17] 이러한 조건은 공무원이 되는 개인에게야 더할 나위 없이 좋은 일이지만 그것을 부담해야 하는 국가 경제 면에서는 엄청난 짐이 된다.

방글라데시에서 공무원은 한 번 되기만 하면 중간에 타이에 의해 그만두는 경우가 거의 없다고 한다. 근무에 태만하든, 무슨 잘못을 하든 잘리는 일이 없다는 것이 그들의 선택 첫 번째 이유로, 국가는 정년퇴직할 때까지 그들의 생활을 보장해야 한다.

방글라데시인들이 공무원을 선호하는 두 번째 이유는 주택을 제공한다는 점이다. 예를 들어 방글라데시에는 군청이 조그마하게 2층 건물로 있으면, 군수와 부군수 관사로 정원 딸린 5, 60평 규모의

---

17) 연구자가 일하는 단체에서 수의사로서 학생들에게 축산을 가르치던 아마눌이 어느 날 사표를 냈는데, 그 이유는 공무원 발령을 받았다는 것이다. 봉급은 우리가 더 많이 주지만 그래도 공무원이 되는 것이 더 낫다며 떠났다. 간호사로 일했던 카툰도 어느 날 공무원이 되어서는 미련 없이 떠났다. 총명했던 그녀에게는 많은 관심을 두었었고 장차 우리 단체의 주축이 되어 주었으면 하는 기대도 있었기에 섭섭함이 컸다. 그래도 그녀는 낮은 직급의 공무원의 길을 골라서 떠났다. 슈짠은 농업 전문학교를 마치고 농업 교사로서 우리와 일했는데, 학력에 비해 높이 대우해 주었기에 그의 만족도는 매우 높았다. 그러나 어느 날 고향의 중학교에 교사 자리가 났고 그는 가겠다고 말했다. 온갖 설득과 만류와 제안에도 불구하고 그도 결국은 공무원이 되어 떠났다.

2층 단독 건물이 군청 뒤쪽에 자리 잡고 있다. 나머지 직원들을 위한 관사가 3층 주공 아파트처럼 수십 가구가 그 옆으로 자리 잡고 있다. 이웃하고 있는 경찰서에도 경찰서 건물보다 몇 배는 될 경찰 공무원 관사가 뒤에 있고, 보건소에도 보건소에 근무하는 의사와 직원들을 위한 관사 건물이 늘어서 있다. 국립 농업대학교는 대학교 본 건물 말고 교수와 교직원을 위한 대규모 아파트 단지가 있고, 몇몇 큰 도시에 있는 대학 병원에는 병원 규모의 몇 배나 되는 아파트 단지가 함께 있다.

방글라데시에서 공무원이 선호되는 또 다른 이유는 퇴직 후의 생활 보장이 되기 때문으로, 공무원은 퇴직하면 퇴직금과 연금을 받는다. 직급과 조직에 따라 또는 개인의 선택에 따라 여러 가지 다르겠지만 노후보장이 된다는 이점 때문에 공무원이 되고자 하는 사람이 많다. 선진국에서도 연금 관리가 쉽지 않고 평시에 적립해 나가는 것이 어려운데 국가 재정이 늘 어려운 방글라데시가 어떻게 이 문제를 풀고 있는지 이해하기 힘드나 정부의 입장에서는 큰 재정적 부담을 안게 된다는 것이다.

이 밖에도 공무원들을 위한 혜택은 여러 가지가 있다. 한 예로, 전국적인 숙박 시설을 볼 수 있는데, 국민들의 생활 수준이 낮은 것처럼 일반적인 숙박 시설은 제대로 된 곳이 드물다. 더구나 숙박비는 비싼 편인데, 공무원들은 전국 어디를 가나 공무원들을 위해 따로 지어둔 숙소에서 거의 무료로 머물 수 있다. 도 단위(젤라) 도시에 가면 외국인이 머무를 만한 깨끗하고 안전한 시설은 '써킷 하우스'(circuit house)라고 부르는 공무원들 전용 숙소 말고는 찾을 수가 없다.

어느 나라든, 공무원은 국가 조직을 운영하기 위한 최소 필요 인력이다. 그러나 그 인력을 위한 비용이 그 국가가 부담할 능력보다 지나치게 많다면 큰일이다. 얼마 되지 않는 예산에서 지나치게 방만하게 운영하는 공무원 관리는 정부 재정에 커다란 짐이 되고 결국은 발전을 위해 투자되어야 할 재원이 필요 없는 곳에 허비되는 결과를 낳게 된다.

나. 교육의 부실

2장에서도 살펴본 인간자본론에 의하면 인적 자본은 그 어느 자본보다 중요하다고 하는데, 그 인적 자본의 가장 핵심이 되는 요소는 교육이다. 대외경제연구원(1996)에 의하면, 방글라데시에는 1991년을 기준으로 15세 이상 인구의 35.3%가 문해 인구라는 공식 발표가 있으나 실제로는 이보다 낮을 것이라고 한다. 또한 정부는 교육 부문에 대한 예산 배분을 늘여서 공공 지출에 있어서, 네팔 10%, 파키스탄 8%에 비해 높은 12%를 교육에 투자하고 있다. 또한 초등학교 의무교육, 최빈민 어린이들을 초등학교로 유인하기 위한 학교 급식, 초등교육을 지원하기 위한 총리 산하 직할 부서 창설, 여학생에 대한 장학금, 민간 차원의 수준 높은 학교 설립 촉진 등 초등 및 대중 교육의 확대를 위한 노력과 지원을 하고 있다.

그 결과 취학률이 90%를 넘어섰고 출석률도 60% 이상으로 높아졌다고 한다. 또한 방글라데시 정부 자료에 의하면(Government of

Bangladesh, 1999), 1997년 현재 15세 이상 성인의 문해률은 51%를 기록하고 있다.

그러나 겉으로 드러난 이러한 성과에도 불구하고 속을 들여다보면 여전히 교육이라는 행위가 이루어지지 않고 있다. 이러한 문제점은 90년대뿐 아니라 현재까지도 큰 변화를 보이지 않고 있다. 아무리 투자를 늘리고 정부에서 노력을 한다고 해도 실제로 교육 행위가 이루어지지 않으면 아무런 의미가 없을 것이다.

(1) 관리되지 않고 있는 교육

연구자는 1993년 방글라데시에서 초등학교를 설립한 바 있는데, 이를 위해 먼저 정부의 관련 규정, 즉 교육 과정과 수업 일수, 수업 및 휴가 일정 등을 조사하였다. 그 결과 알게 된 바로는 교육 과정은 매년 정부에서 무상으로 공급하는 교과서를 중심으로 학교에서 정한 다음 진행시키면 되는 것이었다. 그런데 수업 일수 규정이 없었는데, 일 년에 최소한 며칠, 또는 몇 시간은 수업을 해야 한다는 정확한 규정이 없는 반면, 대신 며칠의 휴일을 할 수 있다는 휴일 규정이 있었다.

그래서 학교는 필요할 때마다 수업을 하지 않는데, 비가 심하게 오는 날은 아예 아이들이 학교를 가지 않고 학교에 가도 수업하지 않고 돌아올 것이라면서 집에서 떠나지 않는다. 함석지붕에 비오는 소리가 시끄럽고 문짝 없는 문으로 비가 들이치며, 지붕에서 물이 새니 수업을 할 수 없는 것은 당연한 일이다. 더구나 책상이 없을 뿐아니라 맨 흙바닥에 벽과 지붕만 만든 교실도 많다. 교사들이 무슨 회의나 모임이 있다고 수업을 하지 않고 돌아오는 날도 가끔 있고, 선생님이 휴가나 출장을 가서 수업이 되지 않는 경우도 있다.[18]

새 학년을 정확하게 시작하는 날짜도 없고 방학이나 학년말도 정확하지 않다. 연초에 학년이 시작되는데 교과서가 도착하는 때가 시작이다. 방학은 정해진 일정이 없어 한 달 동안 지속되는 회교의 금식 기간과 학년말 시험을 마친 12월 말부터 얼마간 쉰다. 헤미다 금식 시기가 바뀌기 때문에 그 방학도 시기가 바뀐다. 분명하게 시작하고 끝나는 날이 없으니 수업 일수라는 개념이 없는 것도 무리가 아니다.

학교 설립은, 개인이 학교를 세워서 운영을 하다가 일정한 요건이 갖추어지면 정부에서 인정하고 지원해 주는 방식을 취하고 있다. 학교 부지가 일정 면적이 되고 교실이 몇 칸이 있으며, 일정 금액의 적립금이 있으면 정부에서 인정을 해 준다. 그렇게 되면 사립학교이지만 교사 봉급의 절반을 정부에서 지원하고 교과서를 지원한다.

정부에서는 자체로 학교를 설립할 예산이 없으므로 이런 방식을 취하고 있다. 설립하는 개인은 돈 많은 지역 유지가 후대를 위한 거룩한 뜻에서 학교를 만들기도 하고 더러는 교사들 직장을 마련하

---

18) 대표적인 예로, 000초등학교에는 교사가 세 명이 근무한다. 섬에 있는 학교라 상부의 감독이 소홀한 때문인지 연구자가 방문했을 때 교사 한 사람만 수업을 하고 있었고 나머지 반 학생들은 모두 밖에서 놀고 있었다. 두 사람은 어디 있느냐고 물었더니, 한 사람은 업무상 출타 중이고 다른 한 사람은 휴가 중이라고 했다.

기 위해서 하기도 한다.[19]

초등학교 교사가 되는 공식적인 길은 남·여가 약간 차이가 있다. 남자는 12학년(중간과정)을 마치고 일 년 과정의 교원 양성소를 졸업하거나 학사학위를 가진 사람은 교사가 될 수 있다. 여자는 10학년을 마치고 교원 양성소를 졸업하면 교사가 될 수 있다. 물론 학사학위를 가진 여자도 교사가 될 수 있다. 이것은 공식적인 과정을 말하나 실제 사립학교는 이런 조건이 그대로 적용되지 않는다. 그 지역에서 알맞은 사람을 찾으면 교사로 채용하는 것이 일상적이다.

이렇게 자격 없는 사람들이 교육을 맡게 될 때 교육의 질이 떨어지는 것은 너무도 당연한 일이다. 이들이 교사가 되는 목적이 단순히 취업을 하고자 하는 것이고, 교육자로서의 사명감도 없고, 교육을 위한 훈련도 없으니 교육의 기본이 흔들리고 교사에 대한 존중도 없다. 이들이 방글라데시 교육에서 차지하는 비중이 매우 크다. 공립학교가 면 단위에 하나 정도 있다면 사립학교는 작은 규모이기는 하지만 마을마다 하나씩 있다. 이에 따라 결과적으로 교육 내용이 부실해질 수밖에 없다.[20]

---

19) 대표적인 예로, 000학교 설립을 지원하게 되었는데, 그 지역 사람들은 적극적으로 환영을 하며 부지를 제공했다. 교실 건축과 책걸상 구입비, 적립금을 지원하고 운영은 그들에게 맡겼다. 교사는 동네에서 결정하여 뽑았는데 제일 적극적으로 일을 추진했던 사람의 스무 살 정도 되는 아들이 교장이 되었다. 그는 학력이 겨우 고졸이었지만 교장이 되었다. 나머지 교사들도 모두 동네 청년으로 구성이 되었다. 그들은 마을에서 봉급을 받을 수는 없지만 정부로부터 절반액의 봉급이 나올 것이라는 기대로 가슴이 부풀어 있었다.

(2) 장기간의 졸업 시험 준비

방글라데시는 독특한 시험 제도를 운영하고 있다. 방글라데시의 기본적인 학제는 5-5-2-3년제로 구체적으로 보면 다음과 같다. 즉, 쁘라이마리 스꿀 과정 5년(primary school, 초등학교), 하이 스꿀 과정 5년(high school, 고등학교), 인터미디에이트 과정 2년(intermediate, 중간 과정), 유니버시티 과정 3, 4년(university, 대학)[21] 등이다.

그런데 여기에 포함되지 않은 기간이 있는데 그것은 시험 기간이다. 고등학교를 마치면 에스에스씨(SSC; Secondary School Certificate) 시험을 거쳐서 합격이 되어야 고등학교 졸업 자격이 주어진다. 또한 2년을 더해서 인터미디에이트 과정을 끝내면 다시 에이치에스씨(HSC; High Secondary school Certificate) 시험을 통과해야 졸업 및 대학 입학 자격이 주어진다. 이 두 시험은 전국적으로 실시되는데 졸업 시험이면서 동시에 한국의 수능시험처럼 입학시험이기도

---

20) 방글라데시에서 연구자와 함께 개발 사업에서 일하는 30여 명의 사람들 가운에 피타고라스의 정리를 증명할 수 있는 사람이 있느냐는 질문을 했다. 그들 가운데는 교사, 간호사, 수의사, 양어전문가 등 대학 과정을 마친 사람도 삼분의 일 정도는 있었고 삼분의 일은 고졸이었으며, 나머지 삼분의 일도 초등학교는 마친 사람들이었다. 그런데 피타고라스 정리의 증명은 접어두고, 피타고라스의 정리가 무엇인지를 아는 사람은 의사 한 사람뿐이었다. 교육 내용이 부실하기는 수학뿐이 아니다. 고등학교를 졸업한 사람도 세계 지도를 펴놓고 방글라데시의 위치를 물으면 아는 사람이 거의 없다. 석유나 석탄이 어떤 이유로 생기게 되었는지 모르니 아랍권의 석유는 방글라데시의 지하수처럼 끝없이 날 것이라고 알고 있는 사람들이 대부분이다.
21) 3년은 베첼러(bachelor) 과정, 4년은 오너스(honors) 과정이다.

하다.

이 시험은 에스에스씨를 보통 4월경에 먼저 실시하고, 에이치에스씨는 5월경에 실시한다. 시험 결과는 시험을 실시한 후 4, 5개월 뒤에 발표된다. 그러므로 이 시험을 위해 꼬박 1년씩 2년의 기간이 소요된다. 학생들은 시험공부 한다고 몇 달 보낸 다음 결과 기다리고 다음 해 입학하기까지 반년이 넘는 기간은 그냥 지내게 된다. 그러므로 대학에 진학하기까지 소요되는 시간은 5+5+1+2+1년으로, 14년이 되어, 모든 학생들에게 만 2년이 단지 시험을 위해 허비되고 있는 것이다.

문제는 전부터 늘 이런 방식으로 시험을 실시해 왔기 때문에 시간 낭비라는 생각이 없다는 점이다. 다른 나라에는 한 시간을 아끼려고 애를 쓰는 때에 아무런 의미도 없이 단지 시험이라는 평가 행위를 위해 모든 학생들이 2년이라는 시간을 버린다는 것은 국가 발전에 커다란 손실이 될 수밖에 없다.

(3) 과소한 학습의 양

이렇게 시험을 위해 많은 시간을 들이는 이유는 시험을 주관식으로 치르고 그것을 채점하는 데 오랜 시간이 필요하기 때문이다. 지금까지 방글라데시는 거의 모든 시험을 주관식으로 해오고 있다. 초등학교 시험부터 대학교 기말 시험까지 모두 주관식으로 시험을 본다. 근래에 와서 일부 과학 시험을 객관식 문제로 시도하고 있을 뿐이다. 여기서 주관식이라는 말은 단답형이 아니고 모두 논술형이다.

이런 시험의 장점은 사람들이 말을 잘한다는 것이다. 어린이고 어른이고 간에 이들은 말을 잘한다. 자기가 아는 것이나 생각하는 것을 100% 표현할 줄 안다. 그러므로 이런 사정을 모르는 외국 사람들은 그들의 실력을 과대평가하게 된다. 외국인이 현지에 진출한 경우나 그들이 외국에 진출한 경우나 그들은 늘 그들이 가진 지식보다 높게 평가를 받곤 한다.

주관식 논술 시험을 모든 시험에 적용하는 단점은 지식의 양을 많이 평가할 수 없다는 점이다. 시험 문제가 많을 수가 없고 주요한 몇 가지 주제에 한정될 수밖에 없다. 따라서 시험을 준비하는 학생들은 서당에서 사서삼경 외우듯이 암기를 되풀이한다. 이런 결과는 많은 지식이 요구되는 현대에서 발전에 장애가 된다.

(4) 학교교육의 마비

현재 방글라데시는 초등학교 아이들까지 과외에 시달리고 있다. 과외 없이는 아무도 공부를 할 수 없다고 해도 과언이 아니다. 그것도 초등학교 1학년부터 고등학교까지 모두가 과외를 받고 있다. 과외 지옥이라고 하는 한국보다도 더 심하다. 과외의 이유는 대학이나 고등학교 입시 때문이 아니라 그저 수업의 진도를 따라가기 위해서이다.

방글라데시에서는 기본적으로 학비가 없다. 경우에 따라서는 학교에서 학생들에게 돈을 지급하기도 하는데, 여성 교육을 늘리기 위해 여학생들에게 장학금을 주는 것이 그 예이다. 이것은 아마도 한 때

추구했던 사회주의의 영향일 것으로 추정되나, 이유와 무관하게 학교 운영과 교사들의 봉급을 위한 돈은 전액 정부에서 지불해야 되는 상황인데 정부에서는 충분한 급여를 지불할 능력이 없다는데 문제가 있다.

따라서 교사의 봉급은 아주 낮은 수준이며 학교의 운영비는 거의 없다고 할 수 있다. 교실 문짝이 없어지고 책걸상이 부서지며 때로는 지붕이 무너져도 고치지 않아서 학교 시설은 황폐화되어 있다. 교사들의 생활도 봉급으로만 영위하기가 매우 어렵다.

그러므로 교사들은 학생들을 대상으로 과외를 한다. 과외를 많이 하도록 하기 위해서는 학교에서의 수업을 부족하게 할 필요가 생긴다. 하루에 진행해야 될 수업 진도의 절반만 하고 나머지는 집에서 하라고 숙제로 낸다. 결국 학생들은 과외에 의해서 나머지 수업을 받아야 한다. 그러나 학생들이 모두 교사에게서 과외를 받을 수 있는 것은 아니다. 시골에도 학원이 있고, 불과 4, 5년 위의 학생들한테서 과외를 받기도 한다.

과외를 시키기 위해 부모들이 지불해야 하는 경비에 대한 부담감은 한국에서와 별다를 바 없다. 그것도 자녀 수가 많고, 전 학교 과정을 통해 늘 해야 한다는 것은 엄청난 부담이다. 또한 자격이 갖추어진 교사에게서 배우지 않음으로 인해 교육의 질이 떨어지는 것도 큰 문제점이다.

(5) 대학생들의 정치 참여

현재 방글라데시에는 거의 모든 대학생이 정당에 가입되어 있다. 일부 운동권 학생만 정당에 가입하는 것이 아니다. 일반인들이 어느 쪽이든 정치권에 줄을 대고 있어야 보호를 받을 수 있듯이 학생들도 어느 정당이든 가입을 해야 시달림을 받지 않고 학교생활을 할 수가 있다.

학생들의 정치 활동은 기숙사를 거점으로 이루어지고 있다. 공무원에게 관사를 제공하는 것처럼 대학에는 기숙사가 많이 공급되어 있다. 이 기숙사는 학생들이 자치적으로 운영하며, 동별로 다른 정당에서 점령하고 있다. 이들은 교내에서 시위를 주도하고, 많은 경우 총기를 사용하여 사상자가 발생하기도 한다. 그러면 학교는 휴교에 들어가게 되고 학업은 무기한 정지된다.

방글라데시의 대학 학제는 일 년 단위로 학기가 정해져 있지 않고 일정 기간 수업을 마친 다음 시험을 봐야 그 학기가 끝나게 되어 있다. 그래서 학과마다 또는 단과 대학마다 학기를 마치는 시기가 달라 고집 센 학과장이 휴교 기간에라도 수업을 강행하고 시험을 마치면 그 학기를 끝낼 수 있다. 그러나 대부분의 경우 수업은 마비된다.

그 결과 4년 과정의 학사과정을 마치는 데 일반적으로 7년이 걸린다. 학제는 4년 과정이라도 실제로는 7개 학년이 함께 학교에 머물러 있다. 최근에 생긴 몇 개의 소규모 사립대학이 비싼 학비에도 불구하고 지원자들이 몰리는 이유는 휴교가 없으며 정해진 기간 안에 졸업할 수 있다는 것 때문이다.

결과적으로 고등학교 졸업까지 14년이 소요되고, 거기에 7년이 더 소요되어 초등학교 입학에서 대학을 졸업하기까지 21년이 소요된다. 일반적으로 다른 나라에서 고등학교 졸업까지 12년, 대학 4년 해서 16년이 소요되는 것보다 5년이 더 소요되는 현실이다. 기간만 늦어지는 것이 아니라 학업 내용도 부실해지기 때문에 학사학위를 받아서 미국으로 유학을 가면 다시 학사과정을 요구하기도 할 정도로 문제가 되고 있다.

그러나 더 큰 문제는 이러한 상황을 개선해야 한다는 요구가 어느 곳에서도 나오지 않고 있다는 점이다. 여전히 정치권에서는 대학생을 앞세우고 있는데, 정당 지도자들이 어느 지역에서 연설회를 하면 대학생 지도자들을 꼭 연설에 참여시키는 것이 그 증거이다.

(6) 아라비아 숫자의 배격

방글라데시에는 세계 어느 곳에서도 볼 수 없는 한 가지 현상이 있는데, 아라비아 숫자를 쓰지 않는 점이다. 우리가 아라비아 숫자라고 부르는 것을 그들은 영어 숫자라고 부르고, 대신 방글라 문자로만 숫자를 표기하는데, 수학 교과서에서부터 일상거래, 자동차 번호판까지도 그렇게 한다. 따라서 방글라데시인들은 아라비아 숫자를 이해하기는 하지만 외국어 보듯이 거리감을 느끼고 있다.

선진국에서 들어오는 새로운 과학 기술은 다 아라비아 숫자로 이루어져 있고 대외 무역은 아라비아 숫자로 해야 하는데 그것은 익숙한 일이 아니다. 영국 식민지 통치를 지나칠 정도로 받았으면서도 영국에 대한 반감이 별로 없고, 좀 배운 사람들은 영어 잘하는 자랑을 드러내놓고 하며, 초등학교 1학년부터 영어를 가르치면서, 굳이 세계인이 쓰는 아라비아 숫자는 배격하는 이유를 연구자는 이해하기 힘들다.

(7) 계수의 어려움

방글라데시에는 수를 세는 것이 어려운데, 물론 방글라도 십진법을 사용하지만 1부터 100까지 숫자를 하나하나 따로 외워야 하는 문제가 있다. 우리말은 1부터 10까지 외우면 그 다음은 문제가 없고, 영어의 경우에도 11, 12까지만 외우면 그 다음은 다 규칙적으로 바뀌므로 외울 일이 없지만 방글라는 그렇지 않다.

방글라는 오랜 역사 때문인지 1에서 10까지의 숫자가 십 단위가 높아질 때마다 조금씩 음이 바뀌어버렸고 그 결과 1에서 100까지의 숫자가 모두 독특한 자기 이름을 갖게 되었다. 초등학교에 입학을 해도 1에서 100까지 외우는 데 2년 정도 걸린다. 그리고 상거래에서나 일상생활에서도 숫자를 제대로 세지 못하는 사람들이 많다. 이것도 발전에 큰 걸림돌이 되고 있다.

어느 땐가 규칙적으로 숫자가 변화되도록 체계화시켜서 학교교육에 적용시켰던 흔적이 있지만 언제부터인지 사용되지 않고 있다. 이것이 문제라고 인식하는 사람도 없다.

(8) 실용 학문의 배제

방글라데시의 교육의 또 다른 한 가지 특징은 실용 학문이 배제되어 있다는 점이다. 초등학교 교과 과정의 경우 방글라(국어), 영어, 수학, 사회, 과학, 종교가 모두이다. 고등학교에서는 과학과 사회가 세분화되고, 농업, 상업 등이 추가될 뿐이다. 가치관을 심어주는 과목이 없고 음악이나 미술과 같은 예능 과목이 없다. 또한 실생활에 적용 가능한 기술, 실과 등이 없으며 체육도 없다. 모든 나라의 교과 과정이 동일해야 하는 것은 아니겠지만 어찌되었든 방글라데시의 교육 과정에는 실용적인 과목의 교육이 없다.

그래서인지 방글라데시에는 동요도 없고 가요도 없다. 영화 음악이 대중가요로 사랑을 받고 있으며 그 밖의 음악은 타고르의 시에 음을 붙인 타령조의, 일반인이 흉내 내기 어려운 전통음악밖에 없다. 그래서 사람들은 노래를 거의 하지 않고 사회에는 음악이 없다. 작은 두 개의 북을 중심으로 한 타악기를 전통적으로 사용해 왔기에 아는 몇 개의 노래를 부를 때는 정말 흥이 나서 몰입하지만 대부분의 사람들은 노래를 모르고 아이들에게도 동요가 없다.

기술 과목이 없어서인지 전기나 자전거, 분무기나 양수기 또는 경운기와 같은 기계를 이해하는 사람들이 드물다. 그것을 업으로 하는 사람들 말고는 기본적인 이해가 없다. 그러므로 새로운 기계를 받아들이기도 어려운 일이고 그것을 사용하면서 이해 부족으로 문제가 생긴다.

종교 교육을 빼고는 가치관 교육을 할 수 있는 과목이 없다. 학교에서 바른 생활이나 도덕 과목이 없어서 가정이나 국가, 사회를 대하는 시각이나 정치, 경제, 문화, 예술에 대한 공통된 가치관이 없다.

국민을 하나로 묶어주는 교육 기회나 매체도 없는데 이것은 방글라데시의 발전에 커다란 마이너스 요인이다. 군대는 모병제이므로 일반인들은 군대에서의 교육 기회도 없고, 민방위나 다른 국가적인 동원이나 교육 체계도 없다. 라디오나 텔레비전(TV)을 통해 교육이 가능하겠지만 현실은 라디오의 보급도 시골에는 거의 되어 있지 않다.

(9) 교육에 대한 전체적 분석

앞의 2장에서도 살펴본 종속이론은 저발전의 원인을 구조와 관계의 문제로 보기 때문에 교육에 대한 언급이 없다. 그러나 김영철과 공은배(1983)에 의하면, 근대화 이론에서는 제3세계가 국가 발전에 실패하고 있는 주된 이유를 대부분의 국민이 근대적인 직업구조에 부응할 수 있는 충분한 교육을 갖추고 있지 못하기 때문이라고 보고 있다. 교육의 근대화는 노동력의 질 향상이 기대되는 것이므로, 이는 결국 국가 발전에 실질적인 수익을 보장해 주는 것이기 때문에, 인간 자본에 대한 투자로 고려되어야 한다고 보고 있다.

근대화 이론은 교육에 대하여 인간자본론의 기본 견해와 그 맥락을 같이 하고 있다. 인간 자본에 대한 투자의 가치를 중요하게 간주하고 교육 기회를 대폭적으로 확대하는 등과 같이 인간 자본에 대한 투자를 확대, 강화하여 경제 발전 내지는 국가 발전에 기여하도록 하자는 것이라고 볼 수 있다.

슐츠(1983)는 인간 자본의 중요성을 강조하면서 인간 자본의 핵심은 교육과 기술, 그리고 보건이라고 하였다. 그 어떤 종류의 산업을 일으키기 위해서도 교육과 기술은 기본적으로 필요하다는 말이다.

김영철과 공은배(1983)에 의하면, 이러한 주장 내지 기본적인 입장은 많은 논의 및 실증적인 연구를 통하여 그 타당성이 인정되어 왔다. 특히 이와 같은 기본적인 입장은 개발도상국일수록 많은 지지를 받아 왔으며, 그 실증적인 분석 결과도 이를 잘 설명하고 있다. 이러한 인간자본론의 관점에서 교육의 경제발전에 대한 기여는 지대하기 때문에 경제발전은 교육 발전을 이룩하지 않고서는 실현될 수 없다고 보는 것이 일반적인 견해라고 할 수 있다.

또한 교육과 경제발전과의 상관관계를 분석한 결과 교육이 경제발전과 밀접한 관련을 맺고 있으며, 특히 교육이 경제발전에 영향을 미치는 하나의 독립 변인이라고 하는 발전론적 내지는 인간자본론적 주장이 타당하다는 결론을 내렸다.

이처럼 교육이 근대화에 중요한 요소가 되며, 교육이 제대로 성과를 내지 못하면 저발전을 벗어나지 못하는 것은 분명하다. 방글라데시는 90년대에 이르러 교육에 투자를 늘리고 있다. 정부 차원에서뿐만 아니라 엔지오들도 교육에 투자를 늘리도록 강조하고 있다. 그러나 교육 문제는 단지 얼마의 재원을 더 투입해서 해결될 성질의 것이 아니다. 위에서 살펴본 문제점들과 이 밖에도 더 있을 문제점에 대한 진지한 검토가 이루어지고 거기에 따라 문제의 해법을 찾아야 교육은 자기 궤도에 오를 것이다.

다. 여성에 대한 차별

일반적으로 여성은 사회에 진출하기 이전부터 사회에 큰 영향력을 행사해 왔다. 사회를 끌어가는 남성들이 모두 여성인 어머니의 품에서 인성이 형성되는 것은 주지의 사실이다. 다음 세대를 건강하고 바람직하게 육성하기를 바란다면 지금의 어머니들에게 투자해야 된다는 것도 상식적인 일이다. 여성이 사회에 진출하고 나서 사회에서 여성들의 역할이 어느 정도인지는 굳이 다시 말할 필요가 없다.

그러나 현재 방글라데시에는 여성이 사회에 나가서 일할 수 없는 정도가 아니라 아예 외출을 할 수가 없다. 그리고 너무 어린 나이에 결혼을 하기 때문에 엄마와 아이 모두의 건강에도 큰 어려움이 있을 뿐 아니라 다음 세대의 인성교육이 불가능한 상황이다. 인력개발에 있어서 인성과 가치관의 중요성은 다시 언급할 필요가 없을 만큼 중요하다. 그러나 그것을 담당하는 여성이 그 면에서는 제로상태여서 방글라데시의 저발전은 해결의 길이 멀다.

(1) 여성의 사회 활동 금지

방글라데시도 어느 나라나 마찬가지로 통계상 여성 대 남성의 비율은 거의 비슷한 수준이지만 길거리에서 여성의 모습을 보는 일은 매우 드물다. 대도시 지역을 빼놓고 어느 곳을 가도 길거리에서 여성을 보기가 어려운데, 이것은 여성들이 모두 집 울타리 안에서만 생활하기 때문이다.22) 대학 캠퍼스에서는 여학생들이 남학생들과

어울려서 활기차게 이야기하는 모습을 볼 수 있지만 그들조차도 결혼을 하게 되면 집 안으로 들어가 숨어서 산다.

(2) 조혼 풍토와 자녀 교육의 부실

현재 조혼 문제는 방글라데시에서 여성에게서만 일어나는 문제이다.[23] 남성들은 일반적으로 이십대 중반 이후에 결혼하고 더러는 삼십대에 들어서 결혼하기도 한다. 그러나 여성들은 늦어도 이십대 초반에는 결혼을 하고 심한 경우 열 살이나 열두 살에 결혼을 하는 경우가 허다하다.[24]

이처럼 여성들을 일찍 결혼시키는 데는 몇 가지 이유가 있다고 볼 수 있다. 첫째는 결혼 지참금에 대한 부담 때문이다. 딸을 처리해야 된다는 부담을 늘 지고 사는 부모로서는 기회만 되면 언제든지 결혼을 시키고자 한다.[25]

---

22) 예를 들어, 여성이 릭샤(세발 인력거)를 타면 보자기로 둘러싸서 다른 사람들이 보지 못하게 하고, 혹시나 길가에 나왔다가도 지나가는 다른 남자를 보게 되면 얼굴을 돌리고 옷깃으로 얼굴을 가린다. 극히 일부 여성들은 검은 차도르로 머리부터 발목까지 가리고 눈 부위만 망사로 만들어서 앞을 볼 수 있게 한다.

23) 현재 방글라데시에는 "20살 되어도 늙지 않는다, 20살 되거든 결혼하자"라는 구호의 포스터가 있을 정도이다.

24) 9학년, 10학년 여학생 가운데는 결혼을 한 여학생들이 제법 여러 명 있으며, 000초등학교의 5학년에 다니던 0000는 학교도 마치지 않고 결혼을 했다.

25) 술라이만이라는 청년의 경우, 아버지 없이 토지도 없는 가난한 청년이었다. 이십대 중반에 들면서 결혼을 하게 되었는데 상대는 열 살

둘째는 성적인 문제가 생길까봐 부모들이 두려워하기 때문이다. 남녀간의 만남이 엄격히 금지된 사회이지만 학교에 다니는 나이까지는 바깥출입이 자유롭기 때문에 어떤 소문이 날까봐 부모들은 두려워한다. 그래서 사춘기에 눈뜨기 시작하는 나이 이전부터 부모들은 결혼을 서두른다.26)

셋째는 부모들의 경제적 부담을 조금이라도 덜고자 하기 때문이다.27)

또한, 방글라데시에서 외출하면 어린 아기를 안고 다니는 어린 엄마들을 자주 보게 된다. 아직 자기들의 배고픈 것도 참지 못하는 빼빼 마른 조그만 체구의 엄마들이 아기의 삶과 교육을 책임지게 된 것이다. 배운 것도 없을 뿐 아니라 인생을 어떻게 살아가야 하는지에 대한 아무런 가치관도 전수받지 못한 채 그저 엄마가 되어서 자기와 똑같은 인생을 만들고 있다.

이런 여자들이 건강한 다음 세대를 생산할 수 있을는지, 이들이

짜리 여자아이였다. 집에 데려다 놓고 자랄 때까지 기다린다는 것이 옳은 표현이다. 남자 쪽이 가난하고 어렵기 때문에 여자 쪽에 지참금을 요구하지 않는다는 점에서 여자의 부모들은 결혼을 서둘러 진행시켰다.

26) 5학년 0000가 결혼하게 된 것도 얼핏 그런 소문이 돌자 부모가 걱정이 되어 바로 결혼을 시켜 버린 경우이다.

27) 낡작이라는 사람은 일없이 빈둥거리며 사는 사십대 중반의 남자다. 그는 아내가 둘이 있지만 별다른 소득이 없다. 어느 날 소문도 없이 딸을 시집보냈다. 다까에 사는 남편 가족은 모두 봉제 공장에 다닌다고 한다. 딸은 열두 살이었는데, 결혼해서 시댁 식구들과 함께 봉제공장에 다닐 것이라고 했다.

다음 세대를 이끌어갈 후대를 가르칠 수 있을지의 여부는 의문이 남는다. 이들이 방글라데시의 장래와 발전에 대한 책임을 어떻게 감당할 수 있을지도 의문이다.

(3) 일방적 이혼 풍토와 자녀 교육의 부실

방글라데시에는 과부들이 많은데, 근래에 전쟁이 있었던 것도 아니고 남성들의 수가 월등히 적은 것도 아니지만 의외로 과부들이 많다. 과부들은 남편이 죽어서 생기는 경우보다는 버림받아서 생기는 경우가 많다. 이혼은 남자들의 일방적인 권리이다.[28] 그래서 남편들 가운데는 이혼을 쉽게 생각하는 사람들이 많은데 아내를 버리는 가장 큰 이유는 결혼 지참금과 관련되어 있다.

자주 일어나는 현상은 남편이 아내와 아이들을 두고 떠나 버리는 경우이다. 집에 별 재산도 없고 뚜렷한 수입원이나 직장이 없는 남성들 가운데 더러는 아내가 가지고 온 결혼 지참금이 바닥나고 아내가 싫증나면 가출하는 경우가 많다. 그렇게 되면 아내는 아이들과 함께 아무런 수입원도, 사회 활동 기회도 없이 버려지고 만다. 구걸을 하기도 하고, 아이들을 고아원에 보내고 자기는 남의 집에 식모를 하는 경우도 있다.

결혼 지참금 문제는 심각한 사회 문제로 떠오르고 있어 '조우뚝'이라고 하는 결혼 지참금이 없으면 결혼이 성립되지 않는다. 적령기

---

28) '이혼이야' 하고 남편이 세 번만 외치면 이혼이 성립된다는 것이 통설이다.

의 남자가 있는 집에서 결혼 지참금에 거는 기대는 매우 크다. 이미 딸들을 시집보내면서 지출했던 경험이 있어서 이번에는 보상을 받아야 된다고 생각하고 있다. 그러나 젊은 지식인 가운데는 지참금 문제가 큰 사회악이라고 비판하며 자기는 그렇게 결혼하지 않을 것이라고 하지만 결혼은 부모들 사이에서 결정되는 현실에서 자기가 할 수 있는 일이 없다는 데서 좌절하게 된다.

지참금이 문제되는 이유는 요구 액수가 늘 친정 쪽의 생활 형편보다 높다는 데에 있다. 집에 돈 되는 물건이라고는 아버지와 오빠가 함께 사용하는 자전거 한 대가 유일한데 그것이라도 팔아서 지참금으로 보내야만 결혼을 시킬 수 있다. 어떤 때는 땅을 팔기도 하고 어떤 때는 빚을 얻어서 지참금을 마련하기로 한다. 그래서 여자아이가 태어나면 부모들은 그때부터 걱정을 하는데, 그 부담이 얼마나 큰지 '우리는 딸 가진 아버지'라는 표현을 자주 하기도 한다.

이혼당한 여성은 할 수 있는 일이 없고 구걸을 하거나 식모살이를 해서 자식을 키우기도 쉽지 않다. 그래서 젖먹이 아이도 엄마 품에서 구걸을 배우고, 아니면 고아원에 보내져서 거기서 부모 없이 자라야 된다. 일방적으로 버림당한 여성의 인생이 불쌍한 것은 다시 말할 필요가 없으며, 그렇게 해서 길거리로 내몰리거나 고아원으로 보내지는 아이들은 방글라데시의 저발전과 깊은 관계가 있다고 보인다.

라. 정치에 대한 집착

방글라데시 사람들은 정치에 관심이 많고 선거운동이 매우 과열

되는 편이다. 선거 때가 되면 길거리에 보이는 담장은 모두 피선거자의 이름과 정당을 표시하는 그림으로 메워진다. 시장이나 거리마다 선거 운동원들이 수십 또는 수백 명씩 몰려다니며 마치 시위하듯이 출마자의 이름을 외친다. 글을 모르는 사람이 많으므로 출마자는 자기 이름과 번호뿐 아니라 상징하는 그림을 사용해야 한다.[29]

가장 기초적 선거인 이장(멤버) 선거에도 돈이 많이 들어 이장 선거에 두 번 정도 출마하고 나면 집안은 거지가 될 정도이다. 그래도 출마자를 포함해서 그의 친척이나 지지자들의 선거에 대한 집착과 관심은 과히 광적이어서 토지를 매각하고, 돈을 차입하여서라도 선거에 출마하게 된다. 이것은 어떤 방법을 동원해서도 당선이 되면 투자한 이상의 이익을 회수할 수 있다고 믿고 있기 때문인데, 이 같은 배경은 상부 기관에서 내려오는 예산이 이들의 손을 거쳐서 집행되기 때문이다. 동네 제방을 쌓는 일, 농로를 보수하고 확장하는 일, 다리를 놓고 도로포장을 하는 일들에 대한 예산 집행은 마지막에 이장의 책임하에 이루어지고 있다.

선거를 통해 책임자를 선출하는 방식은, 당선되기만 하면 투자에 비해 얻는 것이 큰 사업으로 방글라데시인들은 일확천금을 얻는 기

---

29) 지금 여당의 상징은 (나룻)배이고, 제1야당은 벼이삭이며, 제2야당은 쟁기이다. 출마자가 많을 때는 우산, 자전거, 물고기, 벽돌, 바퀴, 자동차 등 투표자들이 쉽게 알아볼 수 있는 상징들이 다 동원된다. 선거 운동원들의 구호는 "물고기 표, 물고기 표에 투표해 주세요"라든지 "우리들의 선택은 노우까 마르까(나룻배 표)" 등등 확성기까지 동원하여 소리높이 울린다. 더러는 커다란 우산을 만들어 들고 다니면서 더욱 흥을 돋우기도 한다.

회라고까지 간주하고 있다. 그래서 방글라데시인들은 정치에 열중하며, 거리마다 구호를 외치는 사람들로 가득하다. 청년들도, 학생들도 정당에 가입하고 우리나라에 와 있는 근로자들까지도 정당 활동을 한다.

이러한 정치에의 집착은 후진국의 일반적인 특징이다. 정치에 대한 집착이 저발전에 어떤 영향을 미친다는 명확한 근거는 없지만, 이러한 집착이 많은 사람들로 하여금 일상적인 활동을 하지 못하게 한다면 그것은 중요한 문제가 된다.

이들의 정치 활동의 핵심은 청년 학생 조직으로, 이들은 선거철이 아니어도 늘 모이며 늘 움직인다. 총명하고 교육을 받아 일할 만한 청년들이 일 년 내내 아무런 일도 하지 않고 조직만 관리한다. 이들은 엔지오나 외국 회사를 찾아가서 정기적으로 돈을 요구하고, 간부 청년의 취업을 요구하기도 한다. 그것이 받아들여지지 않으면 데모를 하기도 하고 직원들을 선동하여 노동 쟁의를 일으키기도 한다. 사업장들은 이런 일 때문에 골머리를 앓으며 생산에 많은 지장을 받는다.

마. 노동조합 활동의 과열

방글라데시는 자본주의를 경험한 나라가 아닌데도 불구하고 노동조합이 심각한 문제를 일으키고 있다. 계급 제도와 식민지 지배에서 워낙 착취를 당한 경험 때문인지 자기들의 이익을 지키려는 각종 노동자들의 단체 행동은 처절하기까지 하다. 이익을 지킨다는 이상으로 생존권을 사수한다는 표현이 더 적절할 것이다.

그러나 이로 인해서 국가 전체가 공동으로 입는 피해는 엄청나고 이런 피해는 그들에게 되돌아간다. 이처럼 전체를 생각하지 않고 자기 개인의 눈 앞의 이익만을 생각하는 모습은 여러 곳에서 관찰되었다.

연구자가 방글라데시에 처음 와서 느낀 문화 충격 사건은 '호르딸'이라고 부르는 파업이었다. '호르딸'은 길거리에 한 대의 자동차도 다니지 못하고 모든 공공기관들은 공휴일처럼 업무를 쉬는 파업으로 전국을 철저하게 마비시킨다. 미리 신문이나 방송에 파업 날짜와 시간이 공개되고 그 시간은 당연한 것으로 모든 방글라데시인들에게 받아들여지는데, 짧게는 한나절에서 길게는 한 달까지 파업이 계속되기도 한다.

전국 규모의 파업은 대부분 정치권에서 주도하고 소규모의 파업은 노동조합에서 주도하는 경우가 많다. 운전기사 노동조합이 파업을 하면 전국의 도로가 정지되고, 그에 대항해서 차주 조합이 파업을 하면 마찬가지로 전국의 도로가 정지된다. 의사 조합도 파업을 하고 교사 조합도 파업을 한다.

한편, 짐을 실은 트럭이 젤라의 경계선에 오면 대나무 차단기가 차를 세운다. 행선지를 확인해서 목적지가 그 젤라가 아니면 통과세를 받고 보내 주지만, 목적지가 그 젤라이면 거기서 노동자들이 차에 올라타고 함께 간다. 그러므로 물건을 나를 때는 물건을 구매한 곳에서 목적지가 명시된 통행증[30]을 발급해 준다. 노동자들이 차에 타는 이유는 그 젤라에 들어오는 화물을 내릴 수 있는 권리는 그 젤라의 노동자 조합[31]에 있기 때문이다. 짐이 많건 적건 간에, 스스로 짐을 내릴 사람이 있건 없건 간에 짐은 노동조합의 조합원들만이 내릴 수 있으며 하역비는 조합에서 결정한 대로 지불해야 한다.

더욱 납득하기 어려운 사실은 버스 터미널 노동조합의 경우라고 볼 수 있다. 버스 터미널에 도착하여 릭샤에서 내리려고 하면 사람들이 달려들어 손에 든 짐을 빼앗듯이 받고는 앞서서 차에 실어주고 돈을 요구한다. 큰 짐도 아니고 혼자 들 수 없는 것도 아니지만 짐이라면 당연히 자기들이 버스에 실을 권한을 가진 것으로 믿고 있는 조합원들을 이겨 낼 수 있는 사람이 없다. 무리지어 덤빌 사람들에게 낭패당하지 않으려면 그들의 요구를 따르든지 아니면 흥정해서 값을 좀 깎는 수밖에 없다.

언제부터 노동조합이 이렇게 강력해졌는지 제대로 설명할 수 있는 사람은 없다고 생각된다. 방글라데시는 아직 자본주의가 제대로 정착되지도 않았으면서 노동조합만 기형적으로 발전하게 되었는지 알기가 쉽지 않다. 그러나 노동조합이 자기가 속한 집단의 이기심 때문에, 너그럽게 보아서 생존권을 지키기 위한 것이라 하더라도 그로 인해 국민이 함께 입을 손해는 여간이 아니다. 장기간의 파업으로 수출이 막히고 행정이 마비되고, 학교 교육이 중지되면 그런 결과는 측정할 수 없을 정도가 된다.

---

30) '짤란'이라고 한다.
31) '스로믹 쇼미띠 또는 레바 쇼미띠'라고 부른다.

2) 문화적 요인

가. 책임 의식의 결핍

서양의 근대화는 자연 발생적 과정이었다고 설명하고 있다. 그 과정에서 중요한 요소로 기업가의 창의성과 전통 사회로부터의 독립을 뜻하는 개인주의가 강조되었다. 그러나 우리나라의 근대화는 선진국의 경험을 적용하는 과정이었으므로 창의성보다는 책임감이 중요하게 작용했음을 볼 수 있다. 절대적으로 가난을 극복해서 공산화를 막아야 한다는 책임 의식과, 자녀들에게 이 가난을 그대로 물려줄 수 없다는 강한 책임감이 우리나라 근대화의 중요한 밑거름이 되었다.

방글라데시의 근대화 과정은 유럽처럼 자연 발생되기보다는 우리나라처럼 적용하는 과정이 될 가능성이 훨씬 크다. 그러므로 방글라데시의 근대화에도 책임 의식은 매우 중요한 요소가 될 것이다. 따라서 이런 책임 의식의 측면에서 방글라데시의 저발전 요인을 살펴보면, 다음과 같다.

(1) 정부와 지도자의 무책임

방글라데시 정부는 정부의 책임이기도 하고 권리이기도 한 국가 개발과 발전 정책의 큰 부분을 엔지오(NGO)에 넘겨준 상태이다. 빈민 구제를 위한 대부 사업, 환자 치료 및 예방 사업, 보건 및 가족계획 사업, 나무 심기, 제방 쌓기, 교육 사업 및 학교 건축, 심지어는 지방도로 개설 및 포장 사업까지 엔지오들이 주도적으로 맡아서 추진하고 있어 정부는 관망만 하는 형국이다. 이렇게 된 이유는 주로 외국 원조로 이루어지는 이러한 사업의 재원이 정부로 가지 않고 직접 엔지오들로 전달되기 때문이다. 정부는 재원이 없으니 각종 계획을 수립할 수도 없고, 사업을 추진할 수도 없다.

심지어는 국가 이름으로 빌려오는 차관까지도 정부에서 제대로 관리할 수가 없다. 돈을 어디에 어떻게 쓸지는 차관을 제공하는 금융기관이 결정하는데, 차관 제공기관이 차관의 사용 용도를 선진국의 어느 대학이나 연구소에 의뢰한다. 방글라데시의 발전을 위해서 무슨 사업을 해야 할지 그 연구소에서 조사하여 결과를 통보하면 그 보고서에 근거해서 차관을 제공하고 있다.

따라서 방글라데시 정부는 주체적으로 개발 계획을 할 힘이 없다고 해도 과언이 아니다. 방글라데시를 대상으로 제공되는 대부분의 원조가 정부의 손을 거치지 않고, 차관마저도 정부의 판단이 아닌 제공자의 판단에 따라서 이루어지고 있어 정부는 돈에 접근할 수가 없다. 이에 따라 장기적이고 종합적인 발전 계획이 성립될 수가 없으며, 정부에서 추진하는 5개년 계획들은 성공적인 결실을 하지 못하고 있다.

또한, 각 엔지오들은 독자적인 판단에 따라 사업 지역을 결정하는데, 정부에 계획서를 제출하지만 정부는 강력한 통제를 할 수가 없다. 정부에서 전체적인 청사진이 없는 상황에서 어떤 통제란 것이 의미가 없는 것이기도 하다. 그러므로 같은 지역에 여러 개의 엔지오가 비슷한 사업을 같이 실시한다. 그러면서도 서로 간의 협력이나 교류는 없고 사업도 단기적으로 이루어지고 있다. 어느 때는 다음 해에 더 많은 예산을 확보하기 위해 무너지고 있는 섬에 벽돌 건물로 학교를 건설하는 경우도 있다.

이러한 결과를 두고 정부가 능력이 없기 때문이라고 생각할 수도 있다. 그러나 이러한 상황은 정부가 책임 의식을 갖지 못한 때문으로 보는 것이 타당하다. 방글라데시 이름으로 제공되는 원조와 차관을 정부는 전혀 접근하지 못하고 지켜만 보고 있어야 한다는 상황을 옳다고 인정할 수 있는 이들은 많지 않을 것이다. 그리고 국가의 장래, 10년 뒤, 20년 뒤를 내다보고 종합적인 계획을 세우고, 거기에 맞추어 그러한 자본과 인력, 장비를 사용해야 할 것이지만 정부는 그저 방관만 할 수밖에 없다. 매년 수십억 달러나 되는 돈이 사용되지만 전체적인 방향과 계획도 없이 그냥 소모만 되고 있는 것이다.

책임 의식이 없기는 정부 지도자들도 마찬가지라고 볼 수 있다. 국가의 지도자급에 있는 사람들의 관심 범위는 자기 가족으로 한정되고, 그들은 흔히 방글라데시는 희망도 없으며 어떻게 할 도리가 없다는 말을 하기도 한다. 그래서 그들의 관심 범위는 자기 가족으로 축소되고, 자기 형제자매나 자식을 교육시키기 위해서는 많은 투자와 희생까지도 감당하고 있다. 그래서 기회가 되는 대로 모든 수단과 방법을 동원해서 부를 축적하고, 자식은 어릴 때부터 영어로 수업하는 학교에 입학시킨다. 또한, 외국에 유학을 보내기도 하고 국가적인 위기 상황이 되면 자신들은 방글라데시를 탈출할 준비를 해두면서도 방글라데시에서 지도자로 일하고 있다.

그러면서 그들은 '방갈리 호베나'32)라는 표현을 자주 한다. 그러면 누가 책임을 질지에 대해 질문하면 그때서야 심각한 표정을 짓고 생각을 하는 듯하다. 스스로에 대해 자신감이 없는 것이야 이해할 수도 있다. 그러나 지금도 최악의 상황인데 이런 식으로 진행되면 멀지 않은 장래에 큰 어려움이 닥칠 것 같은데 거기에 대해서 책임 의식을 느끼고 준비하는 사람은 어디에도 찾아볼 수가 없다.

(2) 부모의 무책임

방글라데시 사람들도 사람은 자기 먹을 것은 타고난다고 말하지만,33) 어릴 때 제대로 의·식 문제를 해결하기 못해서 중간에 많이 사망하게 된다. 또한 살아남은 아이들이 어떤 교육을 받고, 어떤 행

---

32) '방갈 사람은 어쩔 수 없어'라는 뜻이다.

33) 이에 관해 연구자의 경험을 잠시 살펴보면, 어느 저녁 전화국에서 국제 전화를 신청해 놓고 기다리고 있었다. 적어도 30분에서 한 시간을 기다려야 하므로 건물 밖에 나와서 바람을 쐬며 기다리고 있었다. 마침 릭샤왈라(인력거꾼) 한 사람이 릭샤(인력거)를 세워 놓고 쉬고 있었다. 이런저런 이야기 중에 자녀가 몇인가 물었다. 방글라데시에서는 자녀에 대해 묻는 것이 아주 자연스러운 일이다. 그랬더니 자기는 아이가 둘이라고 했다. "가족계획을 했군요" 하고 다시 물었더니, 그게 아니고 원래는 다섯을 낳았는데 셋이 죽고 둘만 남았다고 했다. "참 안됐군요, 마음이 많이 아팠겠어요" 했더니, 그의 대답은 너무나 뜻밖이었다. "알라가 주었다가 알라가 데려가 버렸는데 내가 뭐 할 게 있나요?" 그래도 마음 아프지 않았느냐고 했더니 모두가 알라의 뜻인데 내가 뭐 마음 아파하겠느냐고 대답했다.

동을 하도록 가르쳐야 하는지에 대해 무관심한 사람들이 시골에 가면 대부분이다. 마치 방목하는 듯한 것이 자녀에 대한 부모의 책임의식 정도이다.

부모가 자녀의 교육과 행동에 책임을 지지 않을 때 책임질 수 있는 타인은 없을 것으로 생각된다. 책임 없이 버려둔 아이들이 방글라데시의 근대화를 책임져야 하는데 그것이 가능할지도 의문이 남는다.

(3) 무책임한 약속과 계약

방글라데시인들은 '인샬라'라는 말을 늘 쓰는데, 인샬라는 인사말이 아니고 '알라의 뜻대로'라는 뜻의 말이다. 원래의 의미는 신 앞에서 인간의 겸손을 가르치는 말로서 알라께서 허락하신다면 내가 이런 일을 하겠다는 말이었다. 그러나 지금 방글라데시에서는 그렇게 쓰이지 않고 그저 책임을 전가하는 말이 되었다.

굳게 약속해 놓지만 약속을 지키지 않고서도 미안해하지 않는다. 그리고는 인샬라라고 변명한다. 국제적인 무역 현장에서 이러한 행동이 끼치는 영향은 무시할 수 없을 만큼 크다. 언제까지 물건을 생산해서 선적하겠다고 약속하지만 그 약속을 그대로 믿는 외국인은 초보라고 여겨진다. 자주 확인하고 점검해도, 어느새 또 다른 주문을 받아서 매달려 있는 것을 보는데, 이것은 어차피 이 계약이야 이루어진 것이니 다른 것을 하나 더 받으면 이익이라고 여기고, 원래 한 계약은 기일을 넘기는 경우가 허다하다.

이런 결과, 국제 무역업계에서 파키스탄과 방글라데시 사람은 거래하기 가장 꺼리는 사람들로 평가되고 있다. 따라서 당사자의 말과 행위, 약속에 대해 무책임한 것이 방글라데시의 발전에 커다란 장애가 되고 있다고 보인다.

이처럼 책임 의식이 없는 것이 어떤 면에서는 계급 사회의 하층민으로서 굳어진 문화가, 책임이라는 뜻을 책임 추궁이라는 뜻으로 느끼게 하여 아예 책임이라는 어휘의 사용을 꺼리게 한 때문으로 생각된다. 낮은 피지배 계급으로서는 자기의 잘못에 대한 책임을 시인하는 것은 곧 죽음이나 처벌을 의미하는 것이었으므로, 끝까지 책임을 미루고 잘못을 시인하지 않는 오늘의 습관을 낳았을 것으로 보인다.

나. 공동체 의식의 결핍

방글라데시가 하나의 국가로 독립한 지 이미 거의 30년이 되었고, 동파키스탄으로 한 정치 단위가 되었던 것은 반세기가 지났다. 그럼에도 불구하고 사람들은 아직 하나의 공동 운명체라는 의식이 없고, 그래서 공동 목표를 설정하지도 못하고 그것을 추구하지도 않고 있다. 이들은 정당 단위로 갈라져 있고, 종교 단위로 갈라져 있어서 국가의 구심점이 없고 국론을 하나로 모으지 못하고 있다.

구체적으로 살펴보면, 방글라데시도 지방색이 강하고 텃세가 강해서 타지에 가서 일하기 매우 힘들다. 외지에서 온 사람들이 자기들의 일할 기회를 뺏는다고 생각해서 어떤 구실을 붙여서라도 쫓아내려고 한다.34) 방글라데시인들의 의식 속에는 아직도 국가 차원의 일체감보다는 지역 단위의 소속감이 더 크다고 해도 과언이 아니다.

이처럼 지방색과 텃세가 강한 것 말고 종교 간의 거리도 매우 멀다. 방글라데시는 회교가 90% 정도이고 힌두교가 10% 정도이며, 불교와 기독교가 각각 0.2% 정도이다. 그런데 이렇게 종교가 다른 사람들 사이에는 교류가 없다. 직장에서는 같이 활동을 하지만 국민의 대부분을 차지하는 농민들이나 상업 종사자들에게는 종교 간의 차이는 외국에 떨어져 사는 것만큼이나 거리가 있다.

종교 간의 차이는 가장 먼저 이름에서 나타난다. 힌두교는 힌두교식 이름을 쓰고 회교는 회교식 이름을 쓴다. 인사말도 서로 다르게 써서 처음 만나는 사람일지라도 한마디 인사말과 이름에 의해 서로의 종교를 알게 되고 종교가 다르면 다음 대화가 막힌다. 이들 간에 결혼이 이루어지지 않는 것은 물론이고 식사도 같이하는 일이 없으며, 시골에서는 종교 간에 아예 마을이 구분되어 있다.

이들은 종교라는 말과 계급이라는 말, 그리고 종족이라는 말을 혼동해서 사용할 정도이다. '나는 방갈리이고 저 사람은 힌두다'라는 표현에는 방갈리는 모슬렘이고 힌두교인은 방갈리가 아니라는 뜻이 포함되어 있다. 이러한 사고는 하나의 공동 운명체라는 의식과는 거리가 매우 멀다.

따라서 현재 방글라데시는 구심점이 없다고 해도 틀린 말이 아니다. 함께 단결하여야 현재의 저발전 상태를 벗어날 수 있다는 생각

---

34) 방글라데시인들은 다른 지방에서 온 사람을 '외국인'이라는 뜻의 '비데시'라고 부르는데, 그것은 우리 같은 외국인을 부를 때 쓰는 말과 같은 단어이다.

도 없다. 독립 운동을 할 때나, 민족 언어 수호 운동을 할 때는 하나의 목표로 뭉쳤던 시절이 있었다. 그러나 지금 방글라데시는 그냥 흩어져 있는데, 지역으로 흩어져 있고 종교로 흩어져 있으며, 정치 때문에 흩어져 있다. 빈곤을 극복하고 근대화를 추진하려면 국가의 역량을 한곳으로 결집시켜야 하는데 그러한 구심점이 없이 각기 분산되어 있다.

다. 미래에 대한 인식 부족

특이한 일이지만 방글라데시 사람들은 장래에 대해서 고려하지 않는다. 개인의 장래뿐만 아니라 국가의 장래에 대해서도 고려하지 않는다. 10년 후에 방글라데시의 형편이 어떻게 될 것인가에 대해 생각하는 사람을 만나기는 매우 어렵다.[35]

또한, 벵갈어와 방글라데시의 문화나 상징체계까지도 제법 이해한다고 자부해 온 연구자가 아직도 이해할 수 없는 일이 있는데, 그것은 사람들이 너무도 쉽게 사표를 낸다는 사실이다. 다른 곳에서 언급하였듯이 방글라데시에서 직장을 얻기는 매우 어려운 일이어서 취직을 위해 노력도 많이 하고, 일단 취업하게 되면 사용자 측의 어떠한 해고 노력에도 필사적으로 저항한다. 그런데 이상한 일은 고

---

35) 심지어 연구자가 어떤 고위 관리를 만나서 이야기 나누던 가운데, 지금처럼 인구가 늘어나고 발전은 제자리 걸음을 한다면 10년이나 20년 후의 방글라데시의 형편이 어떻게 되겠느냐고 묻자 그때서야 깜짝 놀라는 경우도 있었다.

향의 부친이 아프니까 고향에 가야 된다든지, 직장 상사한테 야단을 맞았다든지 하는 사소한 일로 사표를 내는 경우가 허다하다. 이와 비슷한 일은 아까워할 줄을 모른다는 것이다.36)

이와 같이 장래를 생각하지 않고 쉽게 사표를 낸다든지 지금 가진 것만 생각하고 미래를 준비하지 않는 데는 연구자가 알지 못하는 어떤 정신적인 배경이 분명 있을 것으로 생각된다. 그러나 미래를 준비하지 않는 배경이 무엇이든 그 행위 자체는 저발전을 불러오는 중요한 요인이 된다.37)

현재는 예전과 같이 숲도 없고 벼가 가득한 넓은 논도 없으며 연못에는 큰 물고기도 남아 있지 않다. 대신 부락마다 아이들만 바글거리지만, 그래도 방글라데시인들의 관념은 아직 바뀌지 않고 있는데, 내일을 생각하지 못하는 것은 그 이유일 것이다.

---

36) 대표적인 경험으로 연구자가 빈민가에서 크리스마스 기념으로 동네 아이들에게 비스킷을 나눠준 적이 있다. 치마폭에 비스킷을 받아서 신이 나서 뛰어 가던 아이가 서두르다가 그 중의 얼마를 땅바닥에 흘렸다. 그런데 아무도 그 비스킷을 줍지 않았다. 땅이 말라 있어서 흙도 묻지 않았지만 그 가난한 아이들은 줍지 않았다.

37) 이와 같은 것은 다음과 같은 이유도 있을 것인데, 나이든 사람들의 말을 들으면 자기들 젊었을 때는 요즘처럼 살기 힘들지 않았을 뿐 아니라 인심도 나쁘지 않았다고 한다. 지금은 논이 되었고 집들이 들어서 있는 저 쪽 일대가 모두 숲이었다고 하며 손가락으로 가리키기도 한다. 논에는 벼가 가득 자라고 있었고 집 앞의 연못에는 언제나 팔뚝만한 물고기가 가득했다고 한다. 그래서 사람들은 내일을 생각하지 않았고, 내일 일을 말하는 사람은 흉을 봤다고 한다. 오늘 먹을 것만 있으면 만족했다고 한다.

현재 상황으로 보아 방글라데시의 장래는 매우 암담하다. 심각한 경고를 하는 전문가들도 있지만 상식적으로 보아도 방글라데시의 장래는 핑크 빛이 아니고 먹구름 낀 모습이다. 그런데도 사람들은 장래를 생각하지 않고 있다. 장래를 생각하지 않는 그들의 습관이 아껴서 준비하지 않고 다 써버리는 행동을 낳고 그러한 행동은 오늘의 저발전을 낳은 중요한 원인이 되었으며, 앞날에 더 심한 재앙을 부를 수 있을 것으로 생각된다.

라. 상호 불신 풍토의 만연

방글라데시 사람들은 서로 간에 믿지 않는다는 말을 많이 한다. 방글라데시인들은 아무도 믿지 않아 지도자의 말도 믿지 않고 동료나 친척 간에도 믿지 않는다. 철저하게 불신하는 사회다. 그래서 말로 하는 약속은 아무런 효력이 없고 무슨 약속이든 종이에 기록하고 서명을 받아두어야 할 정도이다. 뿐만 아니라 불신으로 인해 행정 체계가 기형적으로 복잡해져 있는데, 이로 인한 낭비도 클 뿐더러 근본적으로 발전에 방해가 되고 있다.

(1) 문서로 한 약속만 유효

방글라데시는 어디에서나 영수증을 주고받는 일이 체질화되어 있다. 큰 액수의 물건을 살 때뿐 아니라 과자 하나를 사도 영수증을 발급하는데, 영수증 발급기가 없으므로 영수증을 발급하는 것은 쉬운 일이 아니다. 품목을 하나하나 손으로 써야 하고, 글을 모르는 상점 주인은 옆집 점원을 불러서 써 달라고 하지만 그래도 서명은 멋지게 당사자가 한다. 상점의 물건이라고는 과자 이십여 봉지에 비누, 양초, 성냥을 판매하는 구멍가게도 영수증을 발급하는 광경은 신기할 정도로 비쳐진다.

그런데 영수증 발급이 세금을 내는 자료로 쓰이는 것은 아니다. 워낙 영세한 상태라서 세금을 낼 만한 가게는 많지 않지만, 그래도 영수증은 열심히 발급하고 열심히 받는다. 영수증이 필요한 쪽은 받는 사람들이다. 그냥 집에서 쓸 물건을 사는 사람들에게야 필요 없는 일이지만 어떤 조직에 관련된 구매 행위에는 영수증이 없으면 전혀 믿어주는 이가 없다고 볼 수 있다. 영수증을 실제보다 많은 액수로 발급받아 오고 차액을 착복하는 경우에도 영수증은 철저히 수령한다고 볼 수 있다.

약속의 경우에도 이상과 같은 현상이 있어 구두의 약속은 아무런 효력이 없다. 큰 약속이든 작은 약속이든, 장기적인 것이든 아니면 바로 내일 이루어질 것이든 간에 약속이라면 문서로 남기고 서명을 받아두어야 한다. 액수가 큰 공식적인 거래는 정부 수입증지 용지에 기록해야 하고 개인적인 약속이나 거래는 메모의 형태로라도 문서화해야 한다. 가능하면 증인의 사인도 받아두면 더 좋다.

사람들이 구두로 한 약속은 당사자가 불리할 경우 언제든지 말을 바꾸어 약속에 대해 부인을 한다. 그러므로 영수증을 받아두고 약속이나 계약은 철저히 문서화해서 수령하여야 한다.

여기에 익숙해서인지 사람들은 자기에게 관련된 서류를 철저히

챙겨서 보관한다. 마치 땅문서 보관하듯이 졸업장과 전에 일하던 회사의 경력 증명서, 퇴직 증명서, 지금 일하는 곳에서 받은 계약서, 징계 받은 서류, 상 받은 서류 등등 가능한 모든 것을 보관한다.

그 서류 가운데에는 '노 오브젝션 레터'(No Objection Letter)가 반드시 포함되어 있다. 과거에 근무하던 회사의 책임자가 작성한 이 문서에는 '이 사람은 본 회사에서 어떠한 일을 했으며 그가 정상적인 절차를 거쳐서 퇴직했으므로 다른 곳에 취직하는 데 대해 어떠한 반대도 하지 않는다'라는 내용이 들어 있다.

이만큼이나 서로 간에 믿지 않는 사회다. 영수증을 잘 주고받는 일이야 권장할 일이지만 이것이 서로 간에 절대로 믿지 않는다는 증거가 될 때는 문제가 심각하다.

또한, 상호간의 불신하는 모습은 여러 단계의 결제 시스템에서도 나타난다. 중요한 결정 사항이야 물론 단계를 거쳐서 충분히 검토되어야 하지만 간단하게 처리할 수 있는 일까지도 여러 단계의 결제를 받게 되어 있다. 혹시 담당 공무원이 부정행위를 저지를지도 모른다는 우려 때문에 감시의 목적으로 두세 단계나 결제를 받게 하지만 부정행위는 없어지지 않고 오히려 업무만 지연되고 마는 것이다.

(2) 과다한 불신 비용

방글라데시에서는 이상과 같은 불신 때문에 발생하는 비용도 과다하고 볼 수 있다. 대표적인 예로, 시장에서 과일을 구매하는 경우, 주인이 부른 값의 절반에서 흥정이 시작되고 그 중간 가격, 다시 말하자면, 처음 주인이 부른값의 3/4 정도 되는 가격에서 거래가 성립되면 양 쪽 다 속지 않았다고 간주한다.

그런데, 거래가 성립되어 비용을 지불하려고 하면 흔하지 않은 행동을 목격할 수 있다. 즉, 돈을 수령한 주인은 그 돈을 한 장, 한 장 앞뒤로 유심히 살피며 액수를 확인한다. 방글라데시에서 위조지폐가 사용된다는 보도는 아직 들은 적이 없으니 위조지폐 검사는 아닐 것이다. 주인은 돈의 훼손 여부, 훼손된 돈을 붙인 자국의 유무에 대해 관찰하는 것이다. 그리고 그러한 돈이 있으면 되돌려 주며 깨끗한 돈을 달라고 요구한다. 따라서 방글라데시인들의 돈 세는 방식은 우리나라와 같이 빨리 세지는 않아도 앞뒤를 정확하게 살펴볼 수 있도록 한장 한장 넘기는 식이 될 수밖에 없다.

이런 돈 세는 방식은 과일 가게뿐만 아니라, 심지어 은행에서도 마찬가지이다. 취급하는 액수가 많아도 그들은 한장 한장 세어서 확인을 하고, 은행에서조차도 훼손된 돈은 받지 않는다. 그러므로 사회에서 찢어진 돈은 통용이 되지 않고, 훼손된 돈을 교환하려면 중앙은행에 가야 하며, 상당한 수수료를 부담하여야 한다.

실제로는 사용하기에 아무런 지장이 없는 돈이 통용되지 않는 이유는 다음과 같다고 볼 수 있다. 즉, 처음 새 돈이 발행되어 나올 때, 지폐는 백 장 단위로 스테플러로 찍혀서 나오고, 사용한 돈이 은행에서 다시 나올 때는 백 장 단위로 묶은 다음 송곳으로 구멍을 뚫고 노끈으로 단단하게 묶여서 나온다. 그럼에도 불구하고 돈을 지급받는 사람은 은행원이 보는 앞에서 한 장 한 장 세어 보고 받는다.

훼손된 돈이 통용되지 않는 사실과 돈을 노끈으로 묶어서 사용하는 것과의 상관관계는 다음과 같다고 볼 수 있다. 즉, 종이 띠로만 돈을 묶으면 통용되는 과정에서 낱장을 뺄 수 있다는 상황을 그들 모두가 현실적으로 믿고 있기 때문이다. 또한, 찢어진 돈은 그러한 이유로 생긴 것일 가능성이 있기 때문에 도둑으로 몰릴 가능성이 있다는 점이다. 따라서 찢어진 돈은 일종의 부정한 돈이 되는 셈이다.

이러한 상황이 가져오는 손실이나 경제 활동에의 폐해를 추정하면 다음과 같다. 멀리 떨어진 지방에 돈을 보내면[38] 그곳 지방 은행에서 훼손된 돈이라고 여러 장을 뽑아내어 되돌려준다. 얼핏 보아서는 구별되지 않는 것도 은행원의 전문 기술로 찾아내는데, 그 돈은 입금도 안 될 뿐 아니라 사용도 불가능하다. 이 돈을 다시 쓰려면 수도까지 가지고 와서 중앙은행에서 수수료를 내고 교환한 다음 다시 가지고 가야 한다.

번번이 이러한 일이 발생한다면 그로 인한 비능률과 경비는 어느 정도인지, 이것이 방글라데시의 발전에 어떤 결과를 미칠는지 검토되어야 할 것이다. 결과적으로 불신의 경비이고 부정의 경비라고 볼 수밖에 없다.

마. 변화에 대한 거부

방글라데시는 변화가 더딘 사회로 새로운 것을 받아들이려 하지

---

38) 물론 선진국처럼 온라인 송금이 불가능해서 가능한 한 현금을 가지고 간다.

않는다. 세계는 매우 빠른 속도로 변화되고 있지만 방글라데시는 옛 모습 그대로 남아 있다. 물론 새로운 길도 생겼고 높은 건물도 들어섰지만 대부분 사람들의 사고 방식과 행동 방식은 옛날 그대로이다.

근대화를 위해서는 선진국의 발전된 기술과 장비, 방법을 채택하여 적용할 필요가 있다. 그러한 것을 채택하는 것만으로 근대화가 되지는 않지만 근대화를 위해서는 그러한 것을 들여와야 한다. 그러나 방글라데시는 변화를 거부하고 있다.

(1) 새로운 것의 수용 거부

콩은 단백질을 공급하는 최고의 작물이고 방글라데시의 겨울에는 콩의 성장이 왕성하다. 따라서 엠씨씨(MCC)라는 단체는 콩을 보급하기 위해 오랜 세월 활동을 해 왔다. 시험장을 만들어 방글라데시의 기후와 토질에 맞는 품종을 육성하고 방글라데시 사람들의 식생활에 맞는 요리도 많이 개발을 했다. 전시회에도 참여를 하고 홍보물을 만들어 알리기도 해 벌써 그 역사가 20년이 넘는다. 그런데도 여전히 사람들은 콩을 심지도 않고 먹지도 않는다.

옥수수 보급도 마찬가지이고, 밀가루 보급도 오랜 세월이 걸렸다고 한다. 무엇이든 인도 땅에 들어오면 인도화한다고 하는데, 이것은 새로운 문물이 인도를 바꾸어 놓기보다는 그것이 인도에 들어오면서 바뀌게 된다고 한다. 종족이든, 어떤 운동이든, 종교든 기존의 인도라는 용광로 속에 녹아들어 인도화하는 것이다. 인구가 많아서 그런 것인지, 워낙 넓은 땅에 흩어져 있어서 전파가 잘 되지 않아

서 그런 것인지, 어떤 자존심이나 자기 문화에 대한 우월감 때문인지는 확인하기 어렵다.[39]

이와 같이 얼마전까지 인도의 일부였던 방글라데시인들은 자기네 전통을 무척 존중하여, 가히 전통주의라고 할 만하다. 외국에 유학 간 지식인이라면 입맛이야 바꿀 수 없어서 똘까리(카레 음식)를 찾는다 하더라도, 손으로 밥 먹는 습관은 고칠 만도 하지만 그것도 고치지 않는다.

이와 같이 세월이 흘러도 진전이 없이 그저 옛날의 습관과 전통에 머물러 있고, 새로운 변화도 기대하지 않는다. 그러면서도 배고프고 아프다고 찾아와서 울고 매달리는 것을 보면 양면이 공존하고 있다고 볼 수 있다. 그렇게 기아상태가 지속되면 변화가 이루어질 만한데, 빈곤은 빈곤상태로 그대로 당하고, 새 것은 받아들이지 않고 옛 것만 고집하는 것도 그대로이다.

이런 상황에서 동기 부여란 매우 어려운 작업이다. 새롭게 해 보려는 의욕이 없는 상황에서는 교육의 발전도 기대하기 어렵고 근대화에 대한 기대도 어렵다.

(2) 도구의 거부

일반적으로 알려진 대로 인간이 다른 동물과 다른 특징 중 중요

---

39) 대표적인 예로 방글라데시인들은 토종을 많이 찾는다. 계란이나 닭이 작아도 토종이 좋다고 하면서 열심히 토종을 찾는다. 마구르 마츠라고 부르는 메기도 신품종 아프리칸 마구르 마츠는 맛이 없으므로 자띠오(재래종) 마구르 마츠를 먹어야 한다고 입버릇처럼 말한다.

한 것들은 언어의 사용, 불의 사용, 도구의 사용이다. 특히 인류 문명의 발달에는 도구의 사용이 그 바탕이 되었다고 볼 수 있다. 석기시대, 청동기시대, 철기시대로 나누는 것도 바로 인류의 발달을 도구를 기준으로 보았다는 증거이며, 산업 혁명도 도구의 혁명이며 기계의 혁명이었다.

그러나 방글라데시 사람들은 도구를 쓰려고 하지 않는다. 많은 외국 엔지오들이 활동해 온 방글라데시에는 세계 곳곳의 편리한 기계나 도구들이 많이 소개되었지만 사람들은 자기들에게 적용하거나 받아들이지 않는다. 그냥 손으로 모든 것을 해결하려고 한다. 자동차 정비공도 펜치 하나와 드라이버 하나를 가지고 모든 것을 해결하는 경향이 있고, 점화 플러그 간극을 확인하는 것은 점화 플러그를 담은 종이 상자를 찢어서 사용하고는 버린다. 결국 눈으로 측정하는 것과 다를 바가 없다.

농부들에게는 끝에 손바닥만한 쇠가 붙은 쟁기와 조그마한 대나무 사다리, 넓적한 괭이, 그리고 주걱처럼 생긴 호미, 1자 모양의 낫과 흙덩이 부수는 나무망치가 농기구의 전부이다. 특히 '꼬달'이라고 부르는 괭이는 넓적하기가 거의 삽만한데 안 쓰이는 곳이 없고 공사장에 쓰는 삽이 방글라데시에서 생산됨에도 불구하고 농민들은 삽을 사용하는 경우가 많지 않다. 딱딱한 점토질 토양을 파서 일구는 데에는 꼬달이 가장 적합하지만 흙을 퍼 나르거나 싣고 내릴 때는 불편하기 그지없고 비효율적이다.

원조 받은 탈곡기를 옆에 세워두고 나무 둥치에 벼를 두드려서 탈곡을 하는데, 발로 밟아 기계를 돌리는 것이 익숙하지 않다는 것이다. 어떤 사람은 벼를 바닥에 펴놓고 소가 밟게 하고, 더 발전한 사람은 소 대신 경운기를 타고서 벼를 밟아 탈곡을 한다.

벼를 탈곡하고 나서 쭉정이와 먼지, 볏짚 부스러기를 골라내고 벼를 깨끗이 하는 것도 힘든 일인데, 그 일은 주로 여인들이 키를 사용하여 한다. 키에 퍼 담은 다음 위에서 흘리면 바람에 의해 찌꺼기는 날아가고 알곡만 남게 된다. 그러나 바람이 불지 않는 경우, 그 일이 제대로 되지 않는다. 풍구라는 기계를 기계 연구소에서 만들고 시장에도 판매되지만, 사람들은 사용하려 하지 않고 여전히 키를 들고 바람을 기다리고 있다.

일반적으로, 지금까지 사용하던 것이 익숙한 것은 사실이나 새로운 도구를 개발하지 않고 필요한 도구를 받아들이지 않는 행동은 작업의 효율성을 기대하기 어렵게 한다. 즉, 도구나 기계의 사용은 일의 효율과 직결되어 있고 효율은 발전이나 근대화와 직결되어 있다고 생각된다.

3. 분석 결과의 시사점

이상에서 방글라데시의 저발전 원인을 사회 문화적 차원에서 분석하여 보았다. 이상과 같은 분석 결과를 바탕으로 시사점을 제시하기에 앞서 분석한 결과를 요약·정리하면 다음 <표 4-1>과 같다

<표 4-1> 분석 결과의 요약

구 분	저 발 전 요 인	
사회적요인	행정 체계의 취약	- 행정 체계의 미비 - 지방행정 체계의 취약 - 방만한 공무원 관련 지출
	교육의 부실	- 관리되지 않고 있는 교육 - 장기간의 졸업 시험 준비 - 과소한 학습의 양 - 학교교육의 마비 - 대학생들의 정치 참여 - 아라비아 숫자의 배격 - 계수의 어려움 - 실용 학문의 배제
	여성에 대한 차별	- 여성의 사회 활동 금지 - 조혼 풍토와 자녀 교육 부실 - 일방적 이혼 풍토와 자녀 교육 부실
	정치에 대한 집착	- 정치에 대한 집착과 이에 따른 사회적 비용 과다
	노동조합활동의 과열	- 노동조합 활동의 과열과 이에 따른 사회적 비용과다
문화적요인	책임의식의 결핍	- 정부와 지도자의 무책임 - 부모의 무책임 - 무책임한 약속과 계약
	공동체 의식의 결핍	- 공동체 의식의 결핍으로 인한 미약한 단결력
	미래에 대한 인식 부족	- 미래에 대한 인식 부족으로 사전 대비 불가능
	상호 불신 풍토의 만연	- 문서로 한 약속만 유효 - 과다한 불신 비용
	변화에 대한 거부	- 새로운 것의 수용 거부 - 도구의 거부

그리고 이상의 결과를 바탕으로 방글라데시의 저발전 해소를 위한 시사점을 제시하여 보면 다음과 같은 몇 가지로 요약될 수 있다. 우선, 사회적 요인을 바탕으로 방글라데시 정부가 행정 체계의

186

수립을 위해 노력할 필요가 있고, 국제 사회는 이를 유도할 필요가 있다고 생각된다. 즉, 행정 체계의 미비로 인해 사회적 불이익이 발생되고 있고, 공무원 관련 지출이 방만하며, 사회의 구심점이 부재한 실정이라는 점은 부인하기 어렵다. 따라서 방글라데시 정부는 스스로 행정 체계의 개선과 행정 효율화를 도모하여 나가도록 노력하어야 할 것으로 생각되며, 이를 위해 선진국의 행정 체계와 제도 가운데 방글라데시에 적절한 것을 본받을 필요가 있다고 생각된다.

한편, 국제 사회는 방글라데시에 대한 원조와 차관의 제공시 지원의 조건으로 행정 체계의 개선을 요구하는 것이 지구상에서 기아의 발생 가능성이 가장 높은 방글라데시의 저발전 해소에 도움이 될 것이라고 생각된다. 이와 같은 조건의 요구는 방글라데시에 대한 내정 간섭이라기보다는 국제 사회의 장기적인 이익에 도움을 줄 수 있을 것으로 기대되므로, 이런 방안을 심각하게 고려하여 볼 필요가 있다고 생각된다.

둘째로, 방글라데시 정부와 각종 엔지오들은 방글라데시인에 대한 교육의 강화 및 교육의 질 개선에 역점을 두어야 할 것으로 보인다. 즉, 4장 2절에서 살펴본 바와 같이 방글라데시의 저발전은 책임의식 및 공동체 의식의 부족, 미래에 대한 인식 부족, 상호 불신과 변화에 대한 수용 거부 등 문화적, 정신적 요인에 상당한 원인이 있다고 볼 수 있다.

따라서 이런 문화적 요인들은 단기간에 해소될 수 있는 요인들은 아니라고 생각되며, 장기간 동안 교육을 통해 해소하여 나갈 수 있을 것으로 기대된다. 따라서 이런 문제점을 바탕으로 정부 및 방글라데시에서 활동하고 있는 엔지오들은 학교 교육 및 각종 교육 활동을 통해 방글라데시인들의 이런 문화적 요인을 해소할 수 있도록 지속적인 의식 개혁을 해야 할 것으로 평가된다. 물론, 방글라데시의 비체계적인 교육 상황에서 학교 교육을 통해 이런 요인들의 해소가 어느 정도 가능할지는 의문의 여지가 있을 수도 있다. 하지만, 이런 교육과 의식 개혁 노력이 없는 것보다는 나을 것이며, 교육은 학교교육만을 전제하는 것이 아니고, 비공식적 교육 활동을 통해서도 이런 의식 개혁이 가능할 것으로 생각된다. 한편, 앞에서도 이미 언급한 바와 같이 방글라데시 정부가 각종 행정 체계의 개선시 학교 교육 체계의 개선에 대한 고려도 전제되어야 할 것으로 생각된다.

셋째로, 방글라데시에 만연하고 있는 조혼 및 일방적 이혼 풍토, 정치에 대한 집착, 노동조합 활동의 과열 등을 방지하기 위해 방글라데시 정부의 강력한 사회 풍토의 개선 노력이 필요하다. 이를 위해 방글라데시 정부는 결혼 가능 연령의 제도화, 이혼 제도의 개선과 법제화, 대학생들의 정치 참여 및 노동조합의 지나친 파업에 대한 적절한 대책 등을 통해 방글라데시 저발전의 원인이 되고 있는 요인들의 해소가 필요하다고 생각된다. 과거 중국의 경우, 강력한 정부의 의지에 의해 다산 풍토를 해소한 점을 고려하여 보면, 이런 방안들은 방글라데시 정부의 강력한 개혁 의지가 전제된다면 충분히 가능할 수 있을 것으로 기대된다. 따라서 방글라데시 정부의 강력한 개혁을 유도하기 위해서 방글라데시에서 활동 중인 엔지오들은 방글라데시 정부에 이런 개선 노력을 요구할 필요가 있다고 생각된다. 이와 더불어, 방글라데시 정부가 이런 사항들을 개선하기

위한 노력을 유도하는 차원에서 엔지오에 제공되는 원조 자금을 정
부에서 사용할 수 있도록 하는 방안도 검토될 필요가 있을 것으로
생각된다.

V.

요약 및 결론

  방글라데시는 파키스탄의 지배 아래 25년을 보낸 후, 하나의 독립된 국가로 자리매김한 지 30년이 채 되지 않은 가운데, 기아와 홍수 등으로 인해 저발전국, 즉 가난한 나라의 대명사로 세계에 널리 알려져 왔다. 그에 따라 서방의 제3세계에 대한 원조가 방글라데시에 집중되었고 그러한 지원금은 주로 엔지오(NGO)들을 통해 사용되었다. 엔지오들은 1950년대의 '꾸밀라 사업' (Comilla Approach) 때부터 농업 기술 보급, 보건 사업, 식수 개선, 소득원 개발, 문맹 퇴치, 도로 확장, 제방 축조, 교육 사업, 신용 대출 등 거의 모든 분야에서 개발 사업을 수행해 왔으며, 이러한 외국의 원조는 국민소득의 6.8%(1994년)에 이를 정도로 큰 비중을 차지하고 있다. 또한 빈곤론, 인구론, 종속론 및 근대화 이론, 인간자본론과 같이 저발전에 관한 기존의 이론들이, 씨디(CD), 아이아르디(IRD)와 같은 다양한 개발 이론과 함께 방글라데시의 발전을 위해 적용되었음도 알 수 있다.

  그럼에도 불구하고 방글라데시는 여전히 저발전 상태에 머물러 있다. 1인당 국민소득은 93년을 기준으로 220달러이고, 94년 현재 영아 사망률이 천 명당 117명으로, 우리나라의 8명에 비해 11배에 이르고 있다. 인구 밀도가 평방킬로미터당 866명으로 세계 최고 수준이지만 여전히 인구 증가율은 2.1%로 높은 편이다.

  본 연구의 관심은 이처럼 많은 자본이 투여되고, 기술과 장비, 이론이 동원되었음에도 불구하고 왜 방글라데시는 저발전 상태에 머물고 있는가 하는 점이다. 거기에는 어떤 숨은 원인이 있을 것이라는 가정을 하게 되었고 그것을 찾아내 보고자 하는 것이 본 연구의 목적이다. 이러한 원인들은 사소하게 취급되어 간과되기 쉬운 것이고, 방글라데시라는 역사적, 문화적 배경에서 특이하게 나타나는 것이어서 기존의 검토에서 결여되었을 것으로 추정하였다.

이 개념을 보다 용이하게 하기 위해 식물학에서, 어떤 필수 미량 요소가 결핍되면 그로 인해 다른 요소가 충분히 공급되어도 식물은 생장이 정지된다는, 최소량의 법칙 (the law of the minimum)을 원용하였다. 이처럼 방글라데시의 발전에도 자본과 기술, 장비를 비롯한 주요 요소들이 충분히 공급된다고 해도 어떤 눈에 보이지 않는 요소가 결핍됨으로 인해 발전이 이루어지지 못하게 되었다고 가정하였다.

이러한 숨은 결핍 요소는 그 사회나 개인의 내면에 잠재되어 있기 때문에 참여 관찰이 적절한 방법이라고 여겨졌다. 연구자는 1989년 11월부터 1995년 6월까지 방글라데시 개발 협회의 농촌 개발 사업을 맡아 찔마리 지역에서 활동을 하였고, 1997년 12월부터 1999년 10월까지 세하 방글라데시의 책임을 맡아 꾸밀라와 마이멘싱 지역에서 활동을 하며 연구를 수행하였다. 이 연구는 참여 관찰과 심층 면접을 통해 진행되었다. 자료의 분석은 1차 기록과 정신적 기록을 바탕으로 숨은 요소들을 추출하고 그것을 확인하기 위해 보고서와 기고문을 다시 검토하였으며, 마지막으로 기존의 이론과 공식적인 자료를 통해 검토하고 유형화하였다.

본 연구를 통해 나타난 결과를 요약하면 다음과 같다.

첫째, 방글라데시의 저발전은 자연재해나 환경 때문은 아니라는 점이다. 방글라데시의 홍수는 세계적으로 알려졌지만, 그러나 당사자들은 홍수를 두려워하지도 않고, 농사나 생활용수를 위해 오히려 기다리기까지 하는 것이 확인되었다. 또한 침수 지역과 시기가 거의 일정해서 대비가 가능하고 거기에 적합한 농법까지 있어서 홍수는 방글라데시 발전의 중요한 장애 요인이 될 수 없음이 확인되었다. 오히려 홍수로 인해 토양이 비옥해지는 것은 풍부한 수자원과 함께 농업 발전에 매우 유리한 조건이 되고 있다.

또한 방글라데시는 일조량이 매우 많다. 그리고 여름철의 고온은 우기와 맞물려서 주식인 벼농사에 매우 적합하며, 겨울철은 일교차가 커서 작물 생장에 매우 유리한 조건이 되고 있다. 그러므로 겨울에는 건조 작물을 재배하는 등 적당한 작부 체계를 유지하면 일 년 내내 물 걱정하지 않고 농사를 지을 수 있다. 그러나 실제 상황은 여름에는 물에 잠겨서 농사를 짓지 않고 겨울에는 비가 오지 않아서 농사를 짓지 않는 모습을 보이고 있다.

둘째, 사회적 요인으로, 먼저 행정의 기초가 없는 것이 발전에 큰 장애가 되고 있다. 30년 전까지 방글라데시는 독립된 하나의 국가 단위였던 적이 없다. 그 결과 국가 운영의 경험이 없고, 행정의 기초가 없다. 실제로 현재 우리의 군에 해당되는 '타나'까지만 행정 조직이 있으며, 개인의 신상에 관련하여 호적이나 주민 등록 제도 자체도 아직 없다. 이에 따라 인력 개발과 교육, 세무, 국방 등 어느 면에서도 개인에 대한 관리가 불가능하며 그를 위한 기초 자료조차 없는 상황이다.

그러나 공무원에 대한 처우는 방글라데시 경제 형편보다 지나치게 좋아서 그 비용이 엄청나게 소요되고 있다. 특히 공무원에게 제공하는 주택은 정부 기관의 건물보다 몇 배나 큰 규모이다. 이로 인해 우수 인력이 공무원으로 몰리는 것은 바람직하다고 볼 수 있으나 공무원에 대한 감독과 관리가 불가능하여 공무원의 행정 효율은 아주 낮은 상태이다. 이처럼 행정의 미비로 인한 경제적이고 시간적인 손실이 엄청나며 그것이 방글라데시의 발전에 큰 장애가 되고 있다.

교육에 대한 중요성을 인식히고 투자를 늘리고 있시만 교육 현실은 내적으로 숨은 문제들이 있어서 발전을 저해하고 있다. 대부분의 학교가 황폐된 상태로서 수업이 제대로 실시되지 않고 있으며, 시골 지역의 초등학생까지도 과외 없이는 학과 진도를 유지할 수 없는 상황으로 그 결과 학습의 질이 매우 떨어지고 있다. 정치권에서 대학생들은 이용함으로 인해 모든 학생이 정당에 가입해야 하고 학생들의 정치 투쟁으로 대학은 연이은 휴교를 하게 되어 4년제 대학을 졸업하는 데 거의 7, 8년이 소요될 뿐 아니라 학습의 질도 떨어진다.

또한 특이한 졸업 시험 제도로 인해 모든 학생이 고등학교를 졸업하기까지 만 2년을 단지 시험을 위해 소비해야 하며, 논술식 암기 위주의 공부로 인해 학습의 양이 매우 제한된다. 특히 자연과학 계통에서는 많은 양의 지식이 평가되어야 하는 데 비해 그렇지 못한 실정이다.

교육 내용에 있어서는 예능 과목이 없고, 가치관을 심어주는 과목이 없어서 국민을 계도하는 일이 어렵다. 또한 기술이나 실과 과목과 같은 실용 학문이 배제되어 일반인들의 기계와 산업에 대한 기초 수준이 낮다. 그러므로 새로운 기계를 받아들이는 것도 어렵고 사용하는 데에도 문제가 크다. 이것은 나아가 산업화의 기초가 부실하게 되어 발전을 저해하게 된다.

특히 수학에 있어서 아라비아 숫자를 배격하고 방글라 글자로 숫자를 쓰는 것은 급변하는 선진 과학 기술을 습득하는 데 장애가 되고, 1에서 100까지 세기 위해서 하나하나를 따로 외워야 하는 것도 큰 문제가 되고 있다. 이러한 교육 상태는 근대화의 핵심 요인으로 인정되고 있는 인간 자본의 질적 가치를 저하시키고 궁극적으로 발전에 큰 저해 요인이 되고 있다.

또한 여성이 사회로부터 배격되어 있는데 여성들은 주택을 벗어나는 것이 금지되어 있어서, 전혀 사회 활동이 없고 대도시 일부 지역을 제외하고는 심지어 시장이나 길거리에서도 여성을 볼 수가 없다. 따라서 여성은 사회에 대해 매우 무지한 상태이다. 또한 조혼의 성행으로 10대 초반에 결혼하는 여성이 많아서 고등학교 여학생 가운데는 결혼한 사람이 상당수에 이른다. 그러나 더 많은 경우는 아예 학교를 그만두고 결혼을 하게 되는데, 아직 미성숙한 나이에 결혼을 함으로 인해 다음 대를 이을 자녀들의 건강에 문제가 될 뿐 아니라, 그들의 인성 교육에 큰 문제가 되고 있다.

지나친 남성 중심 사회이므로, 여성은 과도한 지참금을 부담해야 하며 또한 무방비 상태로 쉽게 이혼을 당하고 있다. 그 결과 여성들은 사회적으로 생활 능력이 없어 개인의 인생이 비참하게 되는 것은 물론이고, 자녀들은 고아원에 보내져서 자라야 되는 이중적인 문제가 발생한다. 이렇게 자란 아이들은 결코 발전에 도움이 되지 못하고 사회의 부담과 발전의 장애가 된다.

사람들이 정치에 지나치게 집착하는 것은 일확천금의 추구로 이해된다. 어떤 직책이든 권력을 얻으면 그 부산물이 크기 때문에 일하지 않고 쉽게 부를 획득하려고 하는 사람들이 많이 모이는데, 그러한 현상은 조직에 관여하는 일반인이나 학생들의 정상적인 활동을 방해하고 인력의 낭비를 초래하므로 발전을 저해한다.

또한 전국적으로 광범위하게 조직되어 있는 노동조합의 지나친 파업과 기득권에 대한 요구는 자본주의 초기 단계의 방글라데시로서는 특이한 현상이다. 노동조합은 길거리의 막노동꾼까지도 결성되어 있으며, 모든 조합은 전국적인 조직과 강한 결집력을 가지고 있다. 이들은 자기들의 이권을 수호하기 위해 혼신의 힘을 쏟고 있어서 어처구니없는 불필요한 일들이 많이 생긴다. 또한 자주 전국적인 파업을 일으켜서 국가를 마비시키는데, 이러한 파업은 주로 도로를 차단하고 교통을 단절시켜서 수출과 산업에 타격을 준다. 그로 인해 수출이 막히고 행정이 마비되며 학교 교육이 중지됨으로 인해 발전은 크게 저해되고 있다.

셋째, 문화적 요인으로, 먼저는 책임의식의 결핍을 들 수 있는데, 외국 원조가 주로 엔지오를 통해 사용됨으로 인해 국가 차원의 통일성 있는 발전 계획에 쓰이지 못하고 있음에도 불구하고 정부는 방관하고 있으며, 지도자들은 방글라데시의 발전에 대한 믿음이 없어서 오히려 자기 가족만 생각하는 경향을 보이기도 한다.

일반적으로 부모들은 자녀를 낳기만 하고 자녀의 교육이나 장래에 대해 별 생각을 하지 않는 현상을 보이고 있다. 그저 생기는 대로 낳고 죽지 않고 살면 다행이라는 정도여서, 자녀 교육을 위해서는 무슨 일이든 마다하지 않았던 우리나라의 경우와 매우 대조된다. 개인들도 자기의 말과 행동, 약속에 대한 책임에 대해서는 그리 중요하게 여기지 않는 사회 풍조이다. 어떤 면에서는 계급 사회의 하층민으로서 굳어진 문화가, '책임'이라는 뜻을 '책임 추궁'이라는 뜻으로 느끼게 하여 아예 책임이라는 어휘의 사용을 꺼리는 경향이 있다.

방글라데시는 언어가 하나이고, 카스트 제도가 없다는 점에서 발전에 매우 긍정적이 조건이 되고 있다. 그러나 지역 간의 텃세가 강해서 다른 지방에 취업하고 정착하기가 힘들다는 것과, 종교 간에는 이름이나 인사말이 다르고 사는 지역도 구분되어 있는 것처럼, 정당과 종교, 지방에 따라 국론이 분열되어 있어서 국가적인 협력과 통합에 어려움을 겪고 있다. 이러한 벽을 넘어서 방글라데시 전체의 힘을 하나로 모아서 발전을 추구할 수 있는 구심점이 없다는 점이 발전에 큰 장애가 된다.

또한 미래에 대한 인식의 부족은 장래에 대한 준비를 소홀히 하게 만들며, 현재의 낭비의 요인이 되고 있다. 농업에 유리했던 자연 조건 때문인지 방글라데시인들은 오늘만 생각하고 장래를 생각하지 않는 경향이 강하다. 그래서 인구 문제도, 교육 문제도, 자신의 장래 문제에 대해서도 별 대책을 생각하지 않는다. 몸에 밴 이러한 사고방식이 발전을 생각하지 못하게 한다.

또한 상호 불신 풍토가 만연하여 문서로 하지 않은 약속은 그 기능이 상실되며, 심지어는 사소한 약속이라도 종이에 쓰고 서명하지 않은 것은 아무런 효과가 없다. 그래서 모든 것에 영수증이 있어야 되고, 지폐도 찢어진 것은 통용이 되지 않으며, 여러 단계의 결제 시스템이 운영되고 있다. 이로 인한 비용은 생각보다 크며, 더 심한 문제는 엄청난 비효율이 발생한다는 점이다.

마지막으로 변화의 거부 현상을 볼 수 있는데, 전통을 유지하는 것도 중요한 일이지만 필요한 경우 선진 기술이나 정신을 받아들이는 것은 발전에 매우 필요한 일이다. 그러나 방글라데시는 새로운 기구나 기계, 콩이나 옥수수 같은 작물뿐 아니라 발전된 기술, 새로운 가치관을 수용하는 데 매우 더디며, 그 결과 일의 효율을 떨어뜨려서 발전의 중요한 저해 요인이 되고 있다.

이상에서 확인된 요소들은 방글라데시 발전의 중요한 장애 요인들로서, 이것들은 발전을 위해 필수적으로 해결되어야 할 것들이다. 물론 여기서 미처 발견하지 못한 발전 저해 요인들이 더 있을 수 있다. 앞으로 연구가 더 진행되어 그러한 요인들이 더 밝혀지고, 또 밝혀진 요인들에 대한 적절한 해결 노력이 이루어지면 방글라데시의 발전에 대한 가능성은 한층 높아질 것이다.

참고문헌

1. 국내 문헌

강신택. 1996. 「사회과학 연구의 논리(개정판)」, 박영사.

강영희·신영오. 1980. 「식물 영양학」, 아카데미 서적.

경향신문. 2000. 「방글라데시」, 인터넷자료.

고승재. 1976. 「한국근대화론」, 사회사상사.

김경동 외. 1979. 「근대화: 그 현실과 미래」, 서울대학교출판부.

김경동·이온죽. 1986. 「사회조사 연구방법론」, 박영사.

김선요. 2000. "대학생 공부방 활동의 교육적 의미 분석", 사회교육학
　　　연구, 6권 1호.

김영명. 1996. 「동아시아 모델의 재검토: 한국과 일본」, 소화.

김영철·공은배. 1983. 「교육의 경제발전에 대한 기여」, 교육개발연구원.

김용복 외 3인. 1981. 「한국 기독교와 제3세계」, 풀빛.

김진국. 1986. "일본의 초기 근대화 성공 요인에 관한 연구", 서울대학
　　　교 대학원 석사학위논문.

김진화. 1996. "사회 교육 프로그램 개발의 해석학적 분석", 서울대학
　　　교 대학원 박사학위논문.

김형규. 1995. 「인간 자본 최선진국의 주춧돌」, 형설출판사.

나가미네. 1988. 「제삼세계의 지역개발: 그 사상과 방법」, 유풍출판사.

노정현. 1980. 「한국 근대화론: 문제와 전망」, 박영사.

데오도르 슐츠. 1983. 「데오도르 슐츠 인간자본론」, 사회발전 연구소.

데이비드 하비. 1996. 「도시의 정치 경제학」, 한울.

대외경제연구원. 1996. 「방글라데시 편람」, 대외경제연구원 지역정보센타.

대한무역진흥공사. 1999. 「방글라데시」, 미발표 자료.

마리안네 베버. 1995. 「막스 베버의 생애」, 일신서적출판사.

마이클 아거. 1993. 「민족지학 이야기」, 교육과학사.

막스 베버. 1988. 「프로테스탄티즘의 윤리와 자본주의 정신」, 문예출판사.

막스 베버. 1990. 「사회 경제사」, 삼성출판사.

맥퍼슨·미즐리. 1993. 「비교사회정책과 제3세계」, 홍익제.

모리스 펀치. 1993. 「현장 연구의 정치학과 윤리학」, 교육과학사.

미즐리. 1986. 「제3세계 불평등과 사회보장」, 한국복지정책연구소.

박정재. 1971. 「한국경제 100년: 한국 경제의 근대화 과정」, 한국생산
　　　성본부.

박재묵 편역. 1984. 「제삼세계 사회 발전론」, 창작과 비평사.

백좌흠 외 2인. 1997. 「내가 알고 싶은 인도」, 한길사.

벽봉식. 1987. 「경제 발전론」, 형설출판사.

새런 메리엄. 1994. 「질적 사례 연구법」, 양서원.

스프레들리, 제임스. 1988. 「문화 탐구를 위한 참여 관찰 방법」, 대한
　　　교과서주식회사.

시릴 블랙. 1983. 「근대화의 사회변동」(The Dynamics of Moderniza-
　　　tion: A Study in Comparative History. New York: Harper &
　　　Row 1966). 삼영사.

심상필. 1990. 「제3세계」, 민음사.

알렌 브리만. 1992. 「사회 연구에 있어서 양적 방법과 질적 방법」, 전문출
　　　판사.

에즈라 보겔. 1991. 「네 마리의 작은 용」, 고려원.

엘렌느 가스뗄. 1981. 「세계 발전의 기본 시각」, 풀빛.

외무부. 2000. 「방글라데시」, 인터넷 자료.

유석춘. 1997. "유교 자본주의의 가능성과 한계", 전통과 현대. 창간호.

이각범. 1986. 「제삼세계 사회발전 논쟁: 근대화론 종속이론의 비판과

　　　한국」, 한울.

이상섭·권태환 편. 1998. 「한국의 지역연구: 현황과 과제」, 서울대학교
　　　출판부.

이용숙·김영천 편. 1998. 「교육에서의 질적 연구: 방법과 적용」, 교육
　　　과학사.

이효재·허석렬 편. 1983. 「제3세계의 도시화와 빈곤」, 한길사.

임현진. 1993. 「제3세계 연구: 종속, 발전 및 민주화」, 서울대학교출판부.

장성희. 1994. 「방글라데시에서의 개발 사역의 한 부분인 의료사역을
　　　통한 이슬람 선교 사역보고」, 방글라데시 개발협회.

전남대 사회과학연구소. 1997. 「지역사회 연구방법의 모색」, 전남대출
　　　판부.

전성우. 1996. 「막스 베버 역사 사회학 연구」, 사회비평사.

정지웅 편. 2000. 「지역사회개발과 사회교육」, 교육과학사.

제롬 커크·마크 밀러. 1992. 「질적 연구의 신뢰도와 타당도」, 교육과
　　　학사.

제임스 민친. 1994. 「이광요」, 삼호미디어.

최영희 편저. 1993. 「질적 간호연구」, 수문사.

최협 편. 1997. 「인류학과 지역사회」, 나남출판.

클리퍼드 기어츠. 1998. 「문화의 해석」, 까치.

폴 윌리스. 1989. 「교육현장과 계급재생산: 노동자 자녀들이 노동자가
　　　되기까지」, 민맥.

한경구. 1994. 「공동체로서의 회사: 일본 기업의 인류학적 연구」, 서울
　　　대학교 출판부.

홍석준. 1997. "말레이시아 농촌의 이슬람화와 사회변동: 끌란딴의 말
　　　레이 마을에 대한 사례연구", 서울대학교 대학원 박사학위논문.

2. 외국 문헌

Abdul Quddus. 1996. *Rural Development in Bangladesh: Strategies and Experiences*. Comilla. BARD.

Africa Bureau Cologne. 1982. "An Evaluation of the EEC Food Aid Programme. Institute of Development Studies", University of Sussex.

Allan G. Johnson. 1995. *The Blackwell Dictionary of Sociology*. Cambridge Messachusetts. Basil Blackwell Inc.

Aminul Haque A. K. M. 1982. "Agriculture for Development of Bangladesh: Some Policy Recommendations", Bangladesh Agricultural University.

Anjan Kumar Datta. 1984. "Landless in Bangladesh: the Process and Mechanisms - A survey of Research", Dhaka. Community Development Library.

Arturo Escobar. 1995. *Encountering Development - the Making and Unmaking of the Third World*. Princeton. Princeton Univ. Press.

Atiq Rahman. 1985. "Development Strategies and Productivity in Bangladesh", Bangladesh Institute of Development Studies.

Atiq Rahman. 1990. "Environmental Management in Bangladesh: Towards More Effective Regulation", Conference on Environmental Management (Paris, 3-5 Oct 1990).

BARD. 1994. 「Annual Report 1993-94」, Comilla. Bangladesh Academy for Rural Development.

Barkat-e-Khuda & Abul Barkat & Javed Helali. 1991. "Agriculture Development in Bangladesh: A Macro Study on Sustainability Considerations'. University Research Corporation(Bangladesh).

Becker, Howard S. 1970. *Sociological Work: Method and Substance.* N.J.: Transaction Books.

Betsy, Hartmann. & Boyce, James K.. 「Britain and Bangladesh」, Frontier(Dec. 17. 1983).

Betsy, Hartmann. 1982. 「Bangladesh: Foreign Aid, Food and Hunger」, Frontier(Jun. 26. 1982).

Betsy, Hartmann. 1983. 「Bangladesh: Impact of Foreign Aid」, Frontier(Aug. 20. 1983).

Boyce, James K.. 1983. 「Bangladesh: Food for Work」, Frontier(Sep. 3. 1983).

Boyce, James K.. 1983. 「Bangladesh: Of Tubewell and World Bank」, Frontier(Sep. 10. 1983).

Castells, Manuel. 1992. "Four Asian Tigers with a Dragon Head", Richard P. Appelbaum & Jeffrey Handerson.(Eds.). States & Development in the Asian Pacific Rim, Newbury Park. Sage.

Chowdhury A. M. R. 1978. "Family Planning in the context of Integrated Rural Development - BRAC", National Workshop on Innovative Projects in Family Planning and Rural Institutions in Bangladesh.

Chowdhury Anwarullah. 1999. "Overseas Development Assistance and the Role of NGOs", Paper for 1999 Seoul International Conference of NGOs(10-16 Oct. 1999).

CIA. 2000. 「Bangladesh」, Internet Data.

Collins, Joseph & Frances Moore Lappe. 1979. 「Whom Does the World Bank Serve?」, Economic and Political Weekly(May 12, 1979).

Eicher, Carl K. & John M. Staatz. 1984. *Agricultural Development in the Third World*. Baltimore & London. The Johns Hopkins Univ. Press.

Evans, Peter. *Embedded Autonomy States & Industrial Transformation*, Princeton, Princeton University Press.

Fukuyama, Francis. 1995. "Confucianism and Democracy", Journal of Democracy 6(2).

Gott, Richard. 1980. "The third World Can Cope with its Own Problems", Financial Guardian, U.K.. July 2, 1980.

Government of Bangladesh. 1992. 「Education System of Bangladesh」, Dhaka. Ministry of Education.

Government of Bangladesh. 1996. 「Statistical Year Book of Bangladesh(1995)」, Dhaka. Bangladesh Bureau of Statistics.

Government of Bangladesh. 1999. 「Memorandom for Bangladesh Development Forum 1999-2000」, Dhaka. Min. of Finance & Planning, Government of People's Republic of Bangladesh.

Government of Bangladesh. 1999. 「Ststistical pocketbook Bangla- desh 98」, Dhaka. Bangladesh Bureau of Statistics.

Heilbrum, James. 1981. *Urban Economics and Public Policy(2nd)*. New York: St. Martin Press.

Hsiao, Michael. 1988. "An East Asian Development Model: Empirical

Explorations", Peter L. Berger & H. Michael Hsiao.(Eds.), In Search of An East Asian Development Model. New Brunswick, N.J.: Transaction Books.

IERD. 1992. 「Cooperation Between the World Bank and NGOs: 1991 Progress Report」, International Economic Relations Division. External Affairs Department.

I.R.D.P.. 1974. 「Monthly Report(May 1974)」, Statistics, Research and Evaluation Division. Integrated Rural Development Program.

Isenman, Paul J. & Singer, H. W.. 1975. "Food Aid: Disincentive Effects and Their Policy Implications", Institute of Development Studies at the University of Sussex.

Kamaluddin, S.. 1982. 「Dacca's Dilemma」, Far Eastern Economic Review(Apr. 23. 1982).

Kim, Kyung-Dong. 1994. "Confucianism & Capitalist Development in East Asia", Leslie Skliar.(Eds.). Capitalism & Development. London. Routledge.

Lappe, Frences Moore · Joseph Collins · David Kinley. 1980. "Seven Myths of Aid - Aid as Obstacle", Institute for Food and Development Policy.

Larsimont, Charles H.. 1993. 「Human Development in Bangladesh - Decentralization for Local Action」, UNDP.

Lovell, Catherine H. 1992. *Breaking the Cycle of Poverty - The BRAC Strategy*. Dhaka. University Press.

Mahbub ul Haq · Khadija Haq. 1998. *Human Development in South Asia*. Karachi. Oxford Univ. Press.

Martens, D. W.. 1969. "The Pakistan Academy for Rural Development - Comilla, East Pakistan", Rural Asia Marches Forward. UPCA. Laguna · Philippine.

MCC. 1979. 「Family Planning Program Report 4」, Dacca.

Minhaj Uddin Ahmad & Mokshedul Hamid. 1989. "Development through Self Help - A Study of two villages in Bangladesh", Rural Development Academy.

Mohiuddin Ahmad. 1978. "Initiating Development-BRAC's Economic Support Programme in Sulla: Some Case Studies", Research & Evaluation Division. Bangladesh Rural Advancement Committee.

Mohiuddin Ahmad. 1982. "Development of Human Resources -A Basic Need Approach-", International Seminar 'Development of Human Resources in Developing Countries'.

Mosharaff Hossain et al. 1987. *Flood in Bangladesh - Recurrent Disaster and People's Survival*. Dhaka. Univ. Research Center.

Motiur Rahman PK. 1994. *Poverty issues in Rural Bangladesh*. Dhaka. University Press.

New Internationalist. 1977. 「Bangladesh's Aid Bonanza」, New Internationalist No.49(March 1977).

Payer Cheryl. 1979. 「The Modernization Game」, New Internationalist (Nov. 1979).

Persell, Caroline Hodges. 1987. *Understanding Society - An Introduction to Sociology(2nd)*. New York. Harper & Row Publishers.

Phoon et al. 1987. *Textbook of Community Medicine in South- east Asia. Singapore.* Wiley.

Proshika. 1998. 「Freedom from Poverty: Another Step Forward -Activity Report(Jul. 97-Jun. 98)」, Dhaka. Proshika.

Redding, S. G.. 1996. "The Distinct Nature of Chinese Capitalism", The Pacific Review 9(3).

Rohwer, Jim. 1995. Asia Rising, Singapore. B. H. Asia.

Ruhul Amin. 1997. *Development Strategies and Socio-demographic Impact of Non-governmental Organizations - Evidence from Rural Bangladesh.* Dhaka. University Press.

Runbenstein, James M.. 1992. *An Introduction to Human Geography(3rd).* New York: Macmillan Publishing.

Rushidan Islam. 1977. "Approaches to the Problem of Rural Unemployment", Third Annual Conference of the Bangladesh Economic Association (19-21. Jun. 1977).

Scott, Michael. 1979. *Aid to Bangladesh: For Better or Worth?,* San Francisco. Oxfam-America.

Silverman, David. 1993. *Interpreting Qualitative Data - Method for Analysing Talk. Text and Interaction.* London. SAGE Pub.

Spradley, James P. 1979, *The Ethnographic Interview,* Fort Worth. H.B.J. College Pub. Stalker, Peter. 1994. *A Fork in the Path - Human Development Choices for Bangladesh.* Dhaka. Pioneer Printing Press.

Susan, George. 1979. 「The Risk Shifters」, New Internationalist(Nov. 1979).

Triyakian, Edward A., 1990. "On the Shoulder of Weber & Durkheim: East Asia & Emergence of Modernity", Kim, Kyung-Dong & Soo-Hoon Lee.(Eds.) Asia in the 21st Century: Challenges & Prospects, Seoul: Panmun Book Co.

UN. 2000. 「Bangladesh」, Internet Data.

UNDP. 1996. *Socio-Economic Monetary and Resource Tables 1995*. New York. United Nations Development Programme.

Vinod, Ahuja et al. 1997. *Everyone's Miracle? - Revisiting Poverty and Inequality in East Asia*. Washington, D.C.. The World Bank.

Wade, Robert 1990. *Governing the Market: Economic Theory & the Role of Government in Taiwan's Industrialization*, Princeton, N.J.: Princeton University Press.

Weeks, John R. 1989. *Population - An Introduction to Concepts and Issues(4th)*. Belmont. Wadsworth Publishing.

WFP. 1996. *Sustainable Development with Food Aid - Asset Creation: Human and Physical*. Dhaka. World Food Program.

Wood, C. 1992. *The End of Japan Inc: And How the New Japan Will Look*. New York. Simon Schuster.

Wood, Geoffrey D. & Sharif Iffath. 1997. *Who Needs Credit? - Poverty and Finance in Bangladesh*. Dhaka. University Press.

Yapa, Lakshman. 1996. "What Causes Poverty? A Postmodern View", Annals of Association of American Geographers 86(4).

벵갈어 용어 해설

· **레바 쇼미띠(스로믹 쇼미띠)** – 노동자 조합. 공무원을 포함하여 각 직
종마다 전국적인 조직이 있음.

· **룽기** – 방글라데시 지역에서 남자들이 입는 치마 같은 옷. 모든 남자
에게 일상적인 옷이었으나 현재는 외출할 때 잘 입지 않음. 이 옷을
입고 외출하는 사람은 가난한 사람으로 인식됨.

· **릭샤** – 한자 력차(力車)에서 유래된 이름으로 인력거를 말하며, 방글
라데시에서는 세발자전거 형태임.

· **릭샤왈라** – 인력거꾼.

· **멤버** – 이장. 영어 member에서 온 말로 유니온 커미티(면 위원회)의
멤버라는 뜻

· **비데시** – 외국인 또는 외지인. 방글라데시 사람과 외국인에게 똑같이
비데시라고 부름. 근래에 와서 지식인 사이에서는 외국인을 포리너
(foreigner)라고 구별해 부름.

· **빤자비** – 남자들이 입는 전통 바지와 겉옷

· **뽀리쪼이 뽀뜨로** – 소개서. 주민등록 제도가 없어서 면장이 신원증명
용으로 써주는 신원 확인서.

· **유니온** – 영어 union에서 온 말로 행정 체계에서 면에 해당되는 단위

· **유니온 체어맨** – 면장. 면에는 멤버(이장)들로 구성된 위원회가 있으
므로 체어맨은 위원장이라는 뜻임.

· **인샬라** – '알라의 뜻대로'라는 말로 신 앞에서 인간이 겸손할 것을 나
타내는 말이었으나, 현재는 책임을 회피하는 뜻과 운명론적인 사고방
식의 표현으로 쓰이고 있음.

· **젤라(디스트릭)** – '젤라'는 전부터 쓰이던 벵갈어이고 디스트릭은 영어
district에서 온 말로 행정 체계에서 도에 해당되며, 전국에 64개가
있음. 우리나라의 도보다 규모가 작으며, 중앙 정부에서 직접 행정을

관장하는 단위임. 근래에 들어 젤라 위에 비박(디비전; division)이라
는 단위를 강조하고 있으나 일부 업무를 제외하고는 기능이 없음.

· **조우뚝** - 여성이 결혼할 때 가지고 가는 지참금. 생활 형편에 비해 지
참금 부담이 크며, 그로 인한 문제가 많이 일어남.

· **짤란** - '통행증'이라는 뜻으로 물건을 사서 트럭에 싣고 운반할 경우,
판매자는 영수증과 별도로 이것을 발급하는데 훔친 물건이 아니라는
증거가 되며, 이것은 시회의 불신 정도를 말해주고 있음.

· **타나** - 행정 체계에서 군에 해당되며, 실제 행정의 가장 아래 단위임.
타나는 경찰서를 뜻하기도 하지만 경찰이 행정에 관여하는 것은 아
님.

· **호르딸** - 파업을 뜻하는 말로 정치권이나 노동자 조합에서 주도하며
전국적으로 하기도 하고 일정 지역에서만 하기도 함. 실행 며칠 전에
언론 매체를 통해 날짜와 시간이 공개되고, 파업 당사자뿐 아니라 모
든 시민이 그 시간에는 외부 활동을 중지함. 따라서 정부나 일반 회
사의 업무들이 대부분 중지되므로 공휴일과 같음. 파업은 도로를 차
단하는 것이 기본으로 모든 차량 통행을 못하게 하고 통행하는 차량
은 불태우거나 부수기 때문에 대부분 운행을 하지 않음.

· 저자 ·

권병희　**·약　력·**

이 글을 쓴 권병희는 1961년 경북 봉화에서 태어났다. 안동고등학교를 거쳐 서울대 농학과와 대학원을 졸업하였고 농업교육학과에서 박사학위를 받았다.

세계 식량 문제에 관심을 가지고 29세에 방글라데시로 가서 10년을 일했고, 48세가 된 지금까지 인도의 캘커타에서 일해 왔다. 방글라데시 가나안 농군학교 교장을 역임했으며 지금은 캘커타 민간한국문화원 대표를 맡아서 일하고 있다.

·주요논저·

「방글라데시의 저발전에 관한 사회 문화적 연구」
『벵갈어 문법과 회화』
『친구나라 방글라데시』
『우리의 뿌리는 인도에 있는가』

연락처　Dr. B.H.Kwon
　　　　Korean Culture and Language Center
　　　　AE-545, Salt Lake, Kolkata, India 700 064
전화 91-33-2321-1115
이메일 seinhee@naver.com
한국전화: 010-9984-0282

후진국의 발전을 가로막고 있는 숨은 이유들
-방글라데시의 저발전에 관한 사회 문화적 연구-

• 초판 인쇄	2008년 8월 14일
• 초판 발행	2008년 8월 14일
• 지 은 이	권병희
• 펴 낸 이	채종준
• 펴 낸 곳	한국학술정보㈜
	경기도 파주시 교하읍 문발리 513-5
	파주출판문화정보산업단지
	전화　031) 908-3181(대표)·팩스　031) 908-3189
	홈페이지　http://www.kstudy.com
	e-mail(출판사업부)　publish@kstudy.com
• 등　　록	제일산-115호(2000. 6. 19)
• 가　　격	14,000원

ISBN　978-89-534-9892-1 93370 (Paper Book)
　　　　978-89-534-9893-8 98370 (e-Book)